√

CHEROKEE HYMN BOOK.

COMPILED FROM SEVERAL AUTHORS,

AND REVISED.

ᏣᎳᎩ ᏗᎧᏃᎩᏍᏗ

ᎯᎸᏍᎩ ᎢᏯᏂᏛ ᏧᏃᏪᎳᏅᎯ

PHILADELPHIA:
AMERICAN BAPTIST PUBLICATION SOCIETY,
1701 CHESTNUT STREET.

ᏗᎾᏓᏬᏍᎩ ᎪᏪᎵ
ᏗᏂᏘᎵᎯᏍᏗᏍᎩ ᎤᎾᏓᏖᎬ ᏧᏂᎶᏴᏩᏅᎯ.

ᎯᎠ ᎤᏍᏗ ᏥᎪᏪᎳ (:) ᎾᏍᎩ ᎢᏥᎪᏩᏛ, ᏔᎵᏁ ᏫᎧᏁᎢᏍᏗ ᎨᏒ ᎥᏝ ᎧᏃᎩᏍᏗ ᏱᎩ. ᎠᎴ ᎾᏍᎩ ᎯᏄᎯᏳ ᏈᎢ ᎪᏪᏄᎢ ᏗᏜᏍᏙᏗ, ᏌᏉᏉ ᎢᎧᏃᎩᏍᏗ ᎨᏈᎢ. ᎯᎠᏗᎾ ᎤᏟ ᎠᎯᏗᏳ ᎢᏦᎵᏍᏗᏱ,

ᏨᏍᎩᏃ ᎠᏁ:Ꭿ ᎡᎶ:ᎯᏃ,

ᎶᏗᏘ ᏥᎪᏪᎳ, ᎠᏁ:Ꭿ ᎪᏪᏄᎢ ᎥᏝ Ꭿ ᎠᏗᏍ ᎧᏃᎩᏍᏗ ᏱᎩ, ᎯᎠᏉ ᏥᏂᎬᏃ ᎢᏳᏍᏗ,

ᏨᏍᎩᏃ ᎠᏁ ᎡᎶᏃ.

ᎯᎠᏃ ᎾᏍᏉ ᏥᏂᎬᏅ ᏥᎪᏪᎳ,

ᎤᏩᏒ ᎠᏆ:ᎵᏍᏕᏍᏙᏙ,

ᎶᏗᏘ, Ꮖ ᎠᎴ Ꮅ ᏗᏜᏍᏙᏗᏉ ᏌᏉᏉ ᎢᎧᏃᎩᏍᏗ. ᎯᎠᏃ ᎾᏍᏉ ᏥᏂᎬᏅ ᏥᎪᏪᎳ,

Ꭹ:Ꭼ ᎤᏡᏯᏡᎴ

ᎶᏗᏘ, Ꭼ ᎠᎴ Ꭴ ᏗᏜᏍᏙᏗᏉ ᏌᏉᏉ ᎢᎧᏃᎩᏍᏗ. ᎯᎠᏉ ᏥᏂᎬᏃ ᎢᏳᏍᏗ,

Ꭹ ᏧᏡᏯᏡᎴ.

NOTE.

The character (,) denotes that the syllable to which it is prefixed is either omitted in singing, or loses its vowel sound

HYMNS.

ᏣᎳᎩ ᏗᎧᏃᎩᏍᏗ

HYMN 1. S. M.

Meeting of Christians.

1 ᏗᏚᏏᏠᏳᎯ,
ᏃᎯ ᏕᏏᎽᎯ;
ᏚᏛᏔᏗ ᎤᎶᏒᎯ
ᏗᏠᏅᏒ ᏦᏒ.

2 Ꮭ ᏰᏟᎪᎯᏲ
ᎾᏕᏙᏢᏍᏗᏉ
ᎱᎩᏙᏏ ᎾᏚᏁᏛ,
ᏚᏛᏔᏗ ᏦᏒ.

3 ᎲᏰ ᏚᎶᏁᎸ
ᎢᏚᏧᏰᏢᎢ;
ᏕᏗᏃᎩᏍᏗᏍᎨᏍᏗᏃ
ᎢᏚᏧᏰᏑᎯ.

4 ᏞᎩ ᏚᏛᏔᏗ
ᎾᏙᏓᏏᎽᏏ,
ᎿᏉᏃ ᏂᎪᎯᏛᎢ
ᎾᏕᏢᏍᏗ ᏦᏒ.

5 ᏚᏛᏔᏗ ᏢᎯ,
ᏫᎩᏍᏕᏢᏍᎨᏍᏗᏉ;
ᏗᏦᏛᎢ ᏪᏲᏚᏗ.
ᏚᏛᏔᏗ ᏦᏒ.

HYMN 2. 7s.

Introduction of Publu Worship.

1 ᏌᎨᎶ, ᏣᎬᎾᏳᎯ,
ᎢᏨᏛᏉᏙᏗᏌ
ᏯᎩᏚᏛᏅ, ᎠᏂ
ᎲᏙᏲᏔᎾᏲᏚ.

2 ᎤᏁᏍᎸ ᏃᏚᎸᏅ,
ᏂᎯ ᏕᏨᏌᏚᏂ;
ᎥᏞᏍᏗ ᎠᏎᏉᏉ
ᏌᏗᏨᏔᎾᏴᏍᏗ.

3 ᏬᎩᏚᏁᏑᏍᎨᏍᏗᏉ
ᏯᏣᏏᏙᏢᏍᏗᏍᎬ,
ᎠᎴ ᏕᏣᏙᎥᎢ
ᏙᏲᏃᎩᏍᏗᏍᎬᎢ.

4 ᎿᏉᏃ ᏫᏃᏢᏒ
ᏯᏣᎸᏚᏅ, ᏞᏍᏗ
ᎤᏃᎴ ᏲᏚᏩᏍᎪ
ᎢᏳᏍᏗ ᏌᏲᏎᏍᏗ;

5 ᎨᏩᎨᏳᎯᏍᎩᏂ
ᎾᏓᎵᏂᎪᎯᏍᏓ,
ᎨᏮᏂᏆᏘᎯᏃ
ᏓᏑᏔᏜᏍᏗᏍᎨᏍᏗ.

6 ᏍᎩᏯᏙᎵᎨᏍᏗᏭ
ᏕᏍᎩᏯᏑᏂᏍᎬᎢ,
ᎠᏴᏃ ᏂᎪᎯᎸ
ᎢᏨᎸᏭᏗᏍᎨᏍᏗ.

HYMN 3. L. M.

The same.

1 ᎪᎯ ᎲᏕᏨᏔᎾᎠ,
ᏱᎰᏩ ᏣᏁᏔᏅᎯ,
ᏬᏘ:ᏓᏮᏓᏅᏙ,
ᏫᏥᏔᏗᏙᎵᏍᏗᏃ.

2 ᏑᏰᎪᎩ ᏂᎨᏒᎾ
'ᏩᏓᏙᎵᏍᏗᏍᎨᏍᏗ,
'Ꮄ ᎲᏌ ᏕᎤᏙᏍᏧ
Ꭿ ᏍᎩᏯᏧᎩᏍᏗᏍᎨᏍᏗ.

HYMN 4. L. M.

Close of Worship.

1 ᏍᎩᏙᏓ, ᏍᎩᏯᏧᏑᏏ
ᏫᏑᏓᏙᎵᏍᏔᏅᎢ,
ᎠᎴ ᎢᏨᏍᏑᏅᏤᎸ
ᏂᏑᏧ ᏍᎩᏯᏙᎵᎩ

2 ᎣᏃᎵᏧ ᏩᏤᎵᏎ
ᎩᏔᏭ ᏦᏮᏧᎬᏑ
ᏬᏮ:ᏅᏓᏓ, ᎠᎴ ᎾᏍᎩ
ᎾᏙᎲᎣᏏᏣᏚᏑ.

3 ᏙᎲᏰᎵᏒᏃ, ᏂᎯ
ᏕᏨᏑᏏᏣᏕᏒᏅ;
ᏂᎪᎯᎸᏃ ᏙᏨᏅ
ᏂᎯ ᏍᎩᏯᏙᎵᎨᏍᏗ.

HYMN 5. L. M.

Longing for the house of God. Ps. 42.

1 ᎠᎾ ᎠᏯ ᏕᎨᏴᎢ
ᎲᏂᏚᏪᏔᏲᏍᎪᎢ,
ᎾᏍᎩᏯ ᏂᎬᏯᏚᎴ,
ᏱᎰᏩ ᏣᎬᎾᏳᎯ.

2 ᏗᏆᏓ:ᏅᏧ ᎬᏯᏚᎴ,
ᏣᎬᎾᏳᎯ ᏜᏂᏧ;
ᎯᏔᎪ ᎢᏳ ᏓᎨᏴ
ᏣᏤᎵ ᏗᏓᏁᎸᎢ?

4 ᏒᎯᏍᏗ ᎠᏆᏓᏅᏙ
ᏂᏑᏧ ᏑᏓᏅᏧᎵ,
ᎾᏏᏰᏃ ᏫᎩᏮᏘ
ᏯᏃᎩᏳ ᏫᏤᎬᎩ.

4 ᎠᎴ ᎾᏏ ᏯᏃᎩᏳ,
ᏑᎸᏭᏗ ᎢᏑ ᎨᏒ,

ᏂᎯ ᎦᏨᏃᎩᏍᏗᏍᎬ
ᏯᏏ ᎣᎩᏚᏓᏒᎩ.

5 ᏚᏙᎥᏃ, ᎠᏆᏓᏅᏙ,
ᎡᏔᏗᏳ ᏂᏣᏝᏍᏔᏅ?
ᎠᏏ ᎯᎲᏝᏍᏚᏍᏙᏓ
ᏱᎰᏩ ᎤᎬᏫᏳᎯ.

6 ᎠᏴᏚᏃ ᎠᏏ ᎠᏎ
ᎾᏍᎩ ᏓᏥᏁᎥᏔᏂ,
ᎠᎴ ᏓᏚᏝᎡᏝᏥ
ᎤᏤᏝ ᎠᏝᏁᏎᎢ.

HYMN 6. 12, 9.

Psalm 5.

1 ᏱᎰᏩ, ᏲᎾᎴ ᏍᏆᏛᏚᏁᏢᏍᏗ
ᏥᏁᎬ ᏥᏌᎳᏗᏍᎬᎢ,
ᏂᎯᎥ ᎬᏩᏓᏙᏝᏍᏓᏁᎵᏍᏗ,
ᏂᎯ ᎦᎬᏩᏚᏂᏍᎰᏍᏗ.

2 ᏚᎶᏁᏛ ᏚᏎᎶᎢ ᏦᏒ ᏕᎶᏒ
ᎤᎾᏓᏅᏗ ᏕᏍᎦᏎᏢᏅ,
ᎤᏙᏓ ᏅᏩᏍᎩᏎᎢ ᎾᏏ ᎠᏴ
ᎬᏂᏥᏒᎢ ᏂᎬᏁᎲ.

3 ᏱᎰᏩ, ᏩᏙᏛ Ꮭ ᎢᎬᏯᏗᏢ
ᎤᏂᏒ ᏴᎬᎾᎴᏌᏚ,
ᎠᎴ ᎠᏂᏍᏚᎾ ᎯᏚᏘᏏ Ꭲ ᏆᏢ
ᎥᏝ ᏫᏴᎬᎾᎦᏌᏚ.

4 ᏂᎯᏍᎩᏂ ᏩᏤᏢ ᎠᏓᏁᏎᎢ
ᏛᎩᏒᏢ ᏗᏍᏛ ᎾᏏᏂ;
ᎠᎴ ᏗᏦᏎᎢ ᏥᏥᏍ.Ꭲ ᏬᏃᎢ
ᎬᏬᏓᏙᏝᏍᏓᏁᎵᏍᏗ.

5 ᏱᎰᏩ, ᏣᏓ:ᏅᏙ ᎠᏆᎯᏂᏎᏍᏗ
ᏚᎦᏅᏅ ᏕᏳᎪᏛᎢ,
ᎠᎴ ᎠᏆᏎᏢᏢᏍᏗ ᏂᏁᎯᎸ
ᏗᎦᎸᎾᏍᏓᏁᏗ ᏬᏍᏛ.

HYMN 7. L. M.

Praise to the Creator.

1 ᏱᎰᏩ ᎡᏗᎸᏉᏓ,
ᎠᏴ ᎢᎦᏁᎳᏅᎯ;
ᎡᎳᏂᎬ ᎤᏁᎳᏁ,
ᎠᎴ ᎾᏍᏉ ᎦᎸᎳᏗ.

2 ᎿᏉ ᎢᎦ ᏫᎦᏙᎩ,
ᎤᏛᏁ:Ꭲ, ᎢᎦ ᎤᏙᏤ:Ꭲ;
ᏅᏙᏃ ᎤᏁᎳᏁᎢ
ᎡᏃᏱᏃ ᎡᎯ ᏅᏙ.

3 ᎦᎸᎶ, ᎠᎴ ᏃᏈᏏ
ᏂᎦᏛ; ᎠᎺᏉᎯᏃ
ᎠᎴ ᎦᏓ ᏕᏁᎳᏁ:Ꭲ,
ᏚᏓᏓᎴᎳᏁᎢᏃ.

4 ᎠᎴ ᏂᎦᏛ ᎡᎿᎢ,
ᎠᎾᏖᎾᏏᏂᏙ:ᎯᏃ,
ᎠᎴ ᎠᏂᏃᎯᎵᏙ:Ꭿ,
ᎠᎺᏉᎯᏃ ᎠᏁᎯ,

5 ᏂᎦᏛ ᏕᏁᎳᏁᎢ;
ᎠᎴ ᏴᏫ Ꭴ:ᎵᏍᏆᎸᏗ;
ᎾᏍᎩᏃ ᏂᎦᎥ ᎾᏍᎩ
ᎤᎬᏫᏳᎯ ᏚᏩᏁᎴ:Ꭲ

6 ᏱᎰᏩ ᎤᏓᏅᏘᏳ;
ᎡᏉᎯ ᎤᏓ:ᏅᏖᏗᏱ,
ᎠᏴ ᎢᎦᏁᎳᏅᎯ,
ᎡᏗᎸᏉᏓ ᎿᏆᏎ.

HYMN 8. 11, 10.

Praise to the Infinite.

1 ᏫᎾᏍᏛᎾ ᎤᏁᎳᏅᎯ ᎡᎲ,
ᏫᎾᏍᏛᎾ ᎤᎵᏂᎩᏗᏳ,
ᏫᎾᏍᏛᎾᏃ ᎠᎦᏔᎿᎢᏳ,
ᏫᎾᏍᏛᎾᏃ ᎤᏓᏅᏘᏳ.

ᏗᎧᏃᎩᏍᏗ.

4 ᎾᏍᎩ ᏫᎾᏍᏛᎾ ᏩᏂᎸ-
  ᏂᎦᏗᏳ ᎡᎶᎯ ᎠᏁᎯ;
ᎾᏍᏉ ᏂᎦᏗᏳ ᏫᏏᏂᏃᎩ
  ᏩᏍᏛ ᎦᎸᎳᏗᏳ ᎠᏁᎯ.

HYMN 9. 11, 10.

Psalm 146.

1 ᎠᏆᏁᎳᏅᎯ ᏥᎸᏉᏕᏍᏗ
  ᏂᎪᎯᎸ ᎡᎶᎯ ᎨᎥᎢ,
ᎬᏮᎳᏕᏍᎬᏃ ᎠᎵᏍᏆᏛᏬ
  ᎠᏏᏉ ᏕᏥᏃᎩᏍᏗᏍᎨᏍᏗ
ᎥᏝ ᎢᎸᎯᏳ ᏴᎬᎵᏍᏆᏏ
  ᎤᏁᎳᏅᎯ ᏥᎸᏉᏗᏍᎬ:Ꭲ,
Ꮭ ᏂᎪᎯᎸ ᎡᎳᏗ ᎨᎥᎢ,
  ᎠᎴ Ꮭ ᎬᏂᏛ ᏗᎨᏒᎢ.

2 ᏞᏙᏃ ᏴᏫ ᏦᏥᏬ:ᎵᏍᎦᏍᏙᏗ
  ᎾᏍᏉᏰᏃ ᎤᏂᎬᏫᏳᎯ
ᏂᎦᏛ ᏓᎩ ᏧᏂᏲᎱᎯᏍᏗ,
  ᏞᏏᏉ ᏑᎾᎵᏦᎶᎯᏍᏗ;
ᎠᏅᏮᎳᏕᏍᎬ ᎤᎵᏍᏆᏗᏍᏗ,
  ᎠᎴ ᏧᎾᎵᏂᎩᏛ ᎨᏒ,
ᎿᏉᏃ ᎠᏎᏉ ᏅᏏᎦ:ᎵᏍᏔᏂ
  ᎤᎵᏂᎩᏛ ᎤᏂᏁᏨᎢ.

3 ᏦᏏᏳ ᎢᏳᎵᏍᏏᏁᏗ ᎩᎶ
  ᏦᎨᏩ ᎶᎵᏍᎦᏍᏙᏗᏍᎪᎢ;
ᏂᎬᎾᏛᏰᏃ ᎤᏁᎳᏅᎯ,
  ᎠᎴ ᏂᎬᎾᏛᎢ ᎠᏁᎯ.

ᎤᏁᎳᏅᎯ ᏫᎾᏍᏛᎾ ᎡᎲ,
ᏫᎾᏍᏛᎾ ᎤᎵᏂᎩᏗᏳ;
ᎾᏍᎩ ᎦᎸᏉᏗᏳ ᎤᏁᏨᎢ
ᎥᏝ ᎠᏎᏉ ᏑᏅᎦᎵᏍᏓ.

4 ᏧᎨᏳᎯᏳ ᏧᏤᎵᎦ ᏴᏫ,
ᎾᏍᎩ ᎣᏏᏳ ᏕᎠᎦᏔᎲ;
ᎬᏩᏂᏆᏘᎯᏍᎩᏂ ᎾᏥᎪ
ᏨᏍᎩᏃᎢ ᏫᏓᎦᏘᏍᎪᎢ.
ᎢᏥᎨᏳᎯ, ᎢᏣᏁᎳᏅᎯ
ᏫᎾᏍᏛᎾ ᎦᎸᎳᏗ ᎡᎲ;
ᎾᏍᎩ ᎡᎶᎯ ᎠᏁᎯ ᏩᏂᎸᏉᏓ,
ᎠᎴᏯ ᎦᎸᎳᏗ ᎠᏁᎯ.

5 ᎠᏴᏃ ᎤᏣᏘ ᏥᎸᏉᏕᏍᏗ
ᏂᎪᎯᎸ ᎡᎶᎯ ᎨᎥᎢ,
ᎬᏯᎳᏕᏍᎬᏃ ᎠᎵᏍᏆᏛᎲ
ᎠᏏᏉ ᏕᏥᏃᎩᏍᏗᏍᎨᏍᏗ
ᎥᏝ ᎢᎸᎯᏳ ᏴᎬᎵᏍᏆᏓ
ᎤᏁᎳᏅᎯ ᏥᎸᏉᏗᏍᎬ,
Ꮡ ᏂᎪᎯᎸ ᎡᎳᏗ ᎨᎥᎢ,
ᎠᎴ Ꮭ ᎬᏂᏛ ᏗᎨᏒᎢ.

HYMN 10. 11s.

Psalm 103.

1 ᏆᏓᏅᏙ ᏖᏉ ᎯᎸᏉᏓ
ᎤᏓ ᏢᏟᏣᏘ ᎤᏁᎳᏅᎯ,
ᎠᎴ ᏝᏍᏗ ᏨᎨᏫᏒ ᏂᎦᏛ
ᎣᏏ ᎠᏑᎸᏗ ᏣᏙᎵᏨᎢ.

2 ᏂᎦᏛ ᏣᏍᎦᏅᏨ ᏣᏙᎵᎩ,
ᎠᎴ ᎾᏍᏉ ᏣᏢᎬ ᏣᏅᏫᏍᎩ,
ᎠᎴ ᏂᎦᏛ ᏣᎵᏍᏕᎸᏙᏗ
ᏂᎪᎯᎸ ᏣᎵᏍᎪᎸᏓᏁᎯ.

3 ᎦᏂᎵᏳ ᎤᏔᏔᏇᎯᏍᏗᏉ
ᎤᏓᏙᎵᏣᏛ ᎤᎧᎵᏨᎯ;
ᎦᎸᎶ.Ꭲ ᎡᎶ.Ꭿ ᏥᎸᎪᎾᏛᏗ
ᎾᏍᎩ ᏱᎰᏩ ᎸᏓᏙᎵᏣᏔ.

4 ᏅᏙ ᏗᎦᎾᎸᎪᎬ ᏅᏙᏃ
ᏭᏕᎵᎬ ᏥᏂᏚᏓᎸ, ᎾᏍᎩ
ᎢᏴᏛ ᏱᎰᏩ ᎢᎩᎮᎡᎸ
ᎤᏣᏘ ᎤᎲ ᎢᎩᏍᎦᏅᏨᎢ.

5 ᎠᎦᏴᎵᎨ ᏧᎾᏍᏗ ᏧᏪᏥ
ᎤᏩᏔᏅ.Ꭿ ᏥᏕᎦᏙᎵᎪᎢ,
ᎾᏍᎩᏃ ᎤᎬᏫᏳᎯ ᏱᎰᏩ
ᏂᏕᎦᏙᎵᎪ ᎬᏩᎾᏰᏍᎩ.

6 ᎿᏉ ᎾᏂᎥ ᎨᎦᏁᏔᏅᎯ
ᎦᎸᎳᏗ ᎡᎶᎯᏃ ᎠᏁᎯ
ᎤᏣᏘ ᏩᏂᎸᏉᏓ ᏱᎰᏩ,
ᎾᏍᏉ ᎯᎸᏉᏓ ᎠᏆᏓᏅᏙ.

HYMN 11. 11, 10

Psalm 19.

1 ᎦᎸᎶ ᎬᏂᎨᏒ ᎧᏃᎮᏍᎦ
ᏱᎰᏩ ᎠᏥᎸᏉᏗ ᎨᏒ,

ᎠᎴ ᏓᏏᎾᏌᏂᏳ ᎨᏒᎢ,
ᎠᎴ ᎤᎵᏂᎩᏗᏳ ᎨᏒ.
ᎾᏍᎩᏃ ᎧᏃᎲᏍᎬ ᎠᎾᏛᎩ
ᏂᎦᏛ ᏴᏫ ᏄᎾᏓᎴᏒ,
ᎠᎴ ᎣᏏ ᎠᏃᎵᎦ ᏂᎦᏛ
ᏧᏓᎴᏅᏛ ᏗᏂᏉᏍᎩ.

2 ᎠᏎᏃ ᎧᏃᎮᏛ ᎤᏤᎵᎦ
ᎤᏟᎯᏳ ᎬᏂᎨᏒᎢᏳ
ᏥᎬᏁᎸ ᎠᏴ ᎢᎪᎵᏍᏗᏱ
ᏄᏍᏛ ᎡᎲ ᎢᎦᏁᎳᏅᎯ.
ᎾᏍᎩ ᎧᏃᎮᏛ ᎢᎨᏀᎲᏍᎦ
ᏱᎰᏩ ᏄᏍᏛ ᎠᏓᏅᏖᏍᎬ:Ꭲ.
ᎠᎴᏉ ᎦᏅᏅ ᎢᎦᏎᎮᎸ
ᎢᎦᏕᏙᏍᏗᏱ ᎤᏰᏄᏅ:Ꭲ.

3 ᎠᎴ ᎬᏂᎨᏒ ᎢᎩᏃᏁᎸ
ᎠᏍᎦᎾ ᏴᏫ ᎤᏍᏛᏗᏍᏗᏱ,
ᎤᏓ:ᏅᏘᏃ ᏱᎰᏩ ᎤᎨᏳᎯ
ᏙᎯ ᎢᏳ:ᎵᏍᏓᏁᏗ ᎨᏒᎢ.
ᎠᎴᏉ ᎾᏏ ᎢᏓᏙᎴᎰᏍᎦ
ᏥᏌ ᎢᎩᏀᎱᎯᏎᏄᎢ,
ᏱᎰᏩᏃ ᏗᏭᏙᎵᏍᏗ ᎨᏒ
ᎦᏮᏁᏛ ᎬᏉᎯᏳᎲᏍᎩ.

4 ᎠᎩᎨᏳᎯ ᎣᏍᏛ ᎧᏃᎮᏛ
ᎠᏆᏁᎳᏅᎯ ᎤᏤᎵᎦ,
ᏅᏃ:Ꭿ ᎦᏄᏮ ᏫᎦᎾᏄᏁᎩ
ᎤᏁᎩᏳ ᎠᎩᏅᎾᏁᏄ,

ᏣᏁᎳᏅᎯ, ᎬᎲᎵᎡᎵᏤ
ᏣᏁᏨ ᎱᏍᏆᏒᎦᏣᎳᏅ;
ᏂᎪᎯᏄᎪᎦ ᏍᏯᎰᏎᏍᎨᏍᏗ
ᎾᏍᎩ ᎠᎩᏍᏆᏂᎪᏙᏗᏱ.

HYMN 12. 11, 10.

Holy, holy, holy is the Lord God Almighty

1 ᎦᎸᎳᏗ ᏦᏒ ᎤᎵᏙᎯᏍᏗ
ᎤᏁᎳᏅᎯ ᏂᎬᎾᏛᎢ;
ᎤᏂᏣᎳᏅᎯ ᎾᏏ ᎠᏁᎯ
ᎢᎬᏱᏢ ᏓᎾᏓᏅᎥᏍᎦ;
ᎠᏍᏓᏱᏳᏃ ᎯᎠ ᎾᏂᏪᎠ;
ᎦᎸᏉᏗᏳ, ᎦᎸᏉᏗᏳ,
ᎦᎸᏉᏗᏳ ᏱᎰᏩ ᏚᏙᎥ
ᏫᎾᏍᏛᎾ ᎤᎵᏂᎩᏗᏳ.

2 ᎾᏍᎩ ᎦᎸᎶ ᎠᏁᎯ ᎾᏂᏪᎠ
ᏫᎾᏍᏛᎾ ᎢᎦ ᏗᎨᏒᎢ,
ᎤᏁᎳᏅᎯᏃ ᏓᏂᏃᎩᏍᏗᏍᎬ
ᎤᏣᎳᏅᎯ ᎠᎾᎵᎮᎵᎦ.
ᎠᏴ ᎾᏍᏉ ᎾᏍᎩ ᏂᏗᏪᏍᎨᏍᏗ
ᎦᎸᏉᏗᏳ, ᎦᎸᏉᏗᏳ,
ᎦᎸᏉᏗᏳ ᏱᎰᏩ ᏚᏙᎥ
ᏫᎾᏍᏛᎾ ᎤᎵᏂᎩᏗᏳ.

HYMN 13. L. M.

Ho[illegible], holy, holy is the Lord God Almighty.

1 ᏱᎰᏩ, ᎢᏨᎸᏉᏗᎭ,
ᎠᎴ ᏧᏂ ᏁᎦ ᏂᏭ
ᏨᏒᎪᏳ ᏣᎬᏣᏳᎯ
ᎮᏂᎥ ᎤᎾᏤᎵᎦ

2 ᏂᎯ ᎦᎸᎳᏗ ᎠᏁᎯ
ᎾᏂᎥ ᎨᏣᎸᏉᏗᎭ,
ᎾᎵᏍᏆᏗᏍᎬᎾᏃ ᎯᎠ
ᎠᏍᏓᏱᏳ ᎾᏂᏪᎠ;

3 ᏕᎸᏉᏗ, ᏕᎸᏉᏗ,
ᏕᎸᏉᏗᏳ ᎨᏎᏍᏗ
ᎤᎬᏫᏳᎯ ᏌᏊᏩ,
ᏂᎦ ᎤᎵᏂᎩᏗᏳ!

4 ᎠᏂᏃ ᎡᎶᎯ ᎾᏍᏉ
ᎨᎶᎨᏳᎯ ᎾᏂᎥ
ᎾᏍᎩᏯᏉ ᎾᏂᏪᎠ;
ᎠᎴ ᎾᏍᎩᏯᏉ ᎠᏴ.

5 ᏕᎸᏉᏗ, ᏕᎸᏉᏗ,
ᏕᎸᏉᏗᏳ ᎨᏎᏍᏗ
ᎤᎬᏫᏳᎯ ᏌᏊᏩ.
ᏂᎦ ᎤᎵᏂᎩᏗᏳ!

HYMN 14. C. M.

God All in all.

1 ᎬᎨᏳᎢ ᏍᏆᏁᎳᏅᎯ
ᏂᎯ ᏨᏒᎯᏳ
ᏕᎸᏩᏗ ᎠᎴ ᎡᎶᎯ
ᎬᏯᏚᎵᏍᎪᎢ.

2 ᎠᏎᏉᏉ ᎨᎸᏏᎴ
ᎪᎱᏍᏗ ᏂᎦᎥ:
ᎥᏝ ᏅᏩᏙᎯᏯᏛ
ᎬᎩᏁᏗ ᏱᎩ.

3 ᏧᎬᏩᎶᏗ ᎶᎩᎭ
ᏍᎩᏁᎭ ᏨᏒᎯᏳ,
ᏨᏒ ᎠᎴ ᏑᏍᎩᎧᏁᎭ
ᎾᏍᏉ ᏗᏆᎵᎢ.

4 ᎠᏎᏃ Ꮭ ᏗᏆᎵᎢ,
ᎠᎴ ᎪᎱᏍᏗᏉ
ᏗᎬᏟᎶᏍᏙᏗ ᏱᎩ
ᎠᏆᏁᎳᏅᎯ.

5 ᎾᏍᏉ ᎡᎶᎯ ᏂᎬᎢ
ᎠᏆᏤᎵ ᏱᎩ,
ᏃᏊᏏ ᎠᎴ ᏣᏂᎧᏔ
ᏗᏆᏤᎵ ᏱᎩ.

6 ᎠᏎ ᎠᏏ ᏂᎦᏗᏳ
ᎠᏎᏉᏉ ᏱᎩ,
ᎢᏳ ᏂᎯ ᎠᏆᏤᎵ
ᏂᎨᏒᎾ ᏱᎩ.

7 ᏂᎯᏍᎩᏂ ᏨᏒᎯᏳ
ᎠᏆᏤᎵ ᏱᎩ,
ᎥᏝᏃ ᏐᏉ ᎪᎱᏍᏗ
ᏱᎬᎢᏚᎵᎭ.

HYMN 15. L. M.

Greatness and Condescension of God.

1 ᎤᏣᏘ ᏕᎸᏉᏗᏳ
ᎠᎴ ᎤᎾᏰᎯᏍᏗᏳ

ᎦᎸᎳᏗ Ꭴ:ᎵᏙᎯᏍᏗ
ᏱᎰᏩ ᎤᏁᎳᏅᎯ.

2 ᎢᎰ ᏕᏢ ᏚᎳᏍᎬᎢ
ᎡᎳᏗ ᎾᎾᏛᏁᎲ
ᎾᏏ Ꭰ Ꮄ.Ꮔ ᏂᎦᏛ,
ᎤᏣᏘ ᎠᏂᎾᏑᏍᎦ.

3 ᎾᏍᏉ ᎬᏩᏂᏖᏘᎯ
ᎠᏂᏍᎩᎾ ᏂᎪᎯᎸ
ᏧᏣᏘ ᎠᏂᏍᎦᎢᎲ
ᏧᎵᏂᎩᏗᏳ ᎨᏒ:Ꭲ.

4 ᎤᏁᎳᏅᎯ ᎧᏁᎪᎢ,
ᎡᎶ:Ꭿ ᎤᏯᎾᏫᏍᎪᎢ;
ᎾᏍᎩ ᎬᏌᎳᏕᏍᎪᎢ,
ᎠᏐᏉ Ꭰ:ᎵᏂᎸᏤᏍᎪ:Ꭲ.

5 ᎾᏍᎩ ᏂᎦ ᎡᏉᎯᏳ!
ᎾᏍᎩ ᏂᎦ ᎦᎸᏉᏗ:Ᏻ
ᏂᎦ ᎤᎵᏂᎩᏗᏳ!
ᏂᎦ ᎤᏪᏑᎯᏍᏗᏳ!

6 ᏥᎪᏃ ᏑᎵ ᏱᎰᏩ
ᎡᎳᏗᏳ ᏱᎾᏛᎦ?
ᎡᏙᏓ ᏱᏂᎦᎵᏍᏓ?
ᎠᏴ ᎠᏇᏥ ᏯᏉᏰ?

7 ᏂᎦ ᏣᏓᏙᎵᏣᏔ,
ᎡᏙᏓ ᏣᏁᎳᏅᎯ!

ᏂᎪᎯᎸ ᎬᎸᏉᏗ:Ꮂ!
ᏂᎪᎯᎸ ᎬᎨᏳᎢ:Ᏻ!

HYMN 16. 8, 7.

The same. Psalm 8.

1 ᏱᎰᏩ ᏣᎬᏫᏳᎯ
ᎦᎸᎳᏗ ᏗᏦᎳ,
ᏕᏣᏙᎥ ᎦᎸᏉᏗ:Ᏻ
ᎤᎧᎵᏨᎯ ᎡᎶ:Ꭿ;
ᎾᏍᏉ ᎦᎸᎳᏗ ᏦᏒ
ᏂᎬ ᏕᏣᎸᏌᏛ;
ᎤᏰᎢᏍᏗ ᏂᎨᏒᎾ
ᎡᏣᎸᏉᏗ ᎨᏒ:Ꭲ.

2 ᎢᏳᏃ ᏕᎦᎦᏅᎦ
ᏕᏣᎸᏫᏍᏓᏁᎸ.Ꭲ
ᎦᎸᎶ ᏥᎸᏍᏗᏓᎾ,
ᎤᏍᏖᏂᎪᏗ ᏥᎩ,
ᎬᏂᎨᏒ ᏥᎪᏩᏛ
ᏅᏙ ᏒᏃᏱ ᎡᎯ,
ᎤᎵᏰᎬᎢ ᏒᏃᏱ
ᎢᎦᎯ:Ᏻ ᎢᎬᏁᎯ.

3 ᏕᏥᎪᎵᏯ ᏃᏉᏰ
ᎤᏁᎳᏅ:Ꭿ ᏚᏨᏍᏛ;
ᏂᏉ ᎠᏖᏓᏅᏛᎢ
ᎯᎠ ᎾᎩᏯᏎᎨ:Ꭲ;
ᏱᎰᏩ, ᎦᏙᎢ ᏴᏫ,
ᎪᏍᏚ ᎾᏍᎩᏯ ᏥᎩ,

ᎠᎴ ᎾᏍᏉ ᏥᏍᎪᏴᏉ
ᏗᎾᏤᎵᏛ ᏥᎩ?

4 ᏱᎰᏩ, ᎦᏙᏃ ᏴᏫ,
ᏥᏂᎦᎥ ᏥᎨᏳᎠ?
ᏗᏂᎧᏏᏩᏗᏙᎯ
ᏔᎵᏁ ᎯᏐᎴᏗ;
ᎠᏂᏃ ᎡᎶᎯ ᎨᏒᎢ
ᎤᎬᏫᏳ ᎯᏂᏴᏅ;
ᏂᎦᎥ ᎡᎶᎯ ᎡᎯ
ᎤᏤᎵᎦ ᏂᏴᏁᎲ.

5 ᏂᎦᎥ ᎯᎸᏉᏔᏅ
ᏴᏫ ᎡᎶᎯ ᎨᏒᎢ;
ᎠᏗᎾ ᏫᎾᏍᏛᎾᏉ
ᏣᏓᏙᎵᏣᏛᎢ.
ᏣᎬᏫᏳᎯ, ᏂᎪᎯᎸ
ᎠᏆᏅᏖᏍᏗ ᎠᏴ
ᏣᎾᏑᎯᏍᏛᎢ ᎠᎴ
ᏣᏓᏙᎵᏣᏛᎢ.

HYMN 17. C. M.

Praise and Love.

1 ᏱᎰᏩ ᎤᏁᎳᏅᎯ,
ᎡᏗᎸᏉᏕᏍᏗ;
ᎠᏴ ᎢᎦᏁᎳᏅᎯ,
ᏦᏗᎨᏳᏎᏍᏗ.

2 ᏧᏍᏛ ᎦᎸᎳᏗ ᎨᎯ,
ᎡᏗᎸᏉᏕᏍᏗ;
ᏱᎰᏩ ᎢᎩᏍᏕᎵᏍᎩ,
ᎡᏗᎨᏳᏎᏍᏗ.

3 ᎤᏣᏘ ᎤᎵᏂᎩᏛ,
ᎡᏗᎸᏉᏕᏍᏗ;
ᎾᏍᎩ ᎤᏓᏙᎵᏣᏘ,
ᎡᏗᎨᏳᏎᏍᏗ.

4 ᏌᎾᏍᏛᎾ ᎡᎯ, ᎾᏍᎩ
ᎡᏗᎸᏉᏕᏍᏗ;
ᎾᏍᎩ ᎢᎩᏙᎵᏨᎯ,
ᎡᏗᎨᏳᏎᏍᏗ.

5 ᎡᎳᏂᎬ ᎤᏁᎳᏅ,
ᎡᏗᎸᏉᏕᏍᏗ;
ᎤᏬᏚ ᎢᎩᎧᏁᎸ,
ᎡᏗᎨᏳᏎᏍᏗ.

6 ᎦᎸᎳᏗ ᏑᎵᏙᎯᏍᏗ,
ᎡᏗᎸᏉᏕᏍᏗ,
ᎾᏏ ᏙᏓᎦᏘᏁᏥ,
ᎡᏗᎨᏳᏎᏍᏗ.

HYMN 18. S. M.

"Come we that love—"

1 Ꭷ ᎡᏗᎨᏳᎢ
ᎦᎸᎳᏗ ᎡᎯ,
ᎡᏓᎵᎡᎵᏤᏍᏗ
ᏕᏗᏃᎩᏍᏗᏍᎬᎢ.

2 ᎢᎦᏁᎳᏅᎯ,
ᎣᎾᏍᏛᎾ ᏤᏬ,
ᎿᏉ ᎠᏎ ᎢᎩᏙᏓ
ᎠᎴ ᎢᎦᎵᎢ.

3 ᏧᏁᏤᎵᏓᏍᏗ
ᏙᏓᎧᏁᏤᎵ,
ᏙᏓᏱᎦᏯᏁᏏᏃ
ᏊᎧᎸ ᏦᏒᎢ

4 ᎿᏉ ᎦᎸᎳᏗ
ᏓᎦᏗᎪᏩᏛ:Ꭿ,
ᎠᎴ Ꮭ ᏂᎪᎯᎸᎢ
ᏴᏱᏗᏍᎦᏅᎩ.

5 ᎾᎿ ᏂᎪᎯᎸ
ᎾᎵᏍᏆᏗᏍᎬᎾ
ᎡᏓᎵᎡᎵᏤᏢᏍᏗ
ᎢᎩᏙᎵᏨᎯ.

6 ᎣᏂᎩᎷᏨᎾ
ᎠᏏ ᎾᎿ ᏥᎩ,
ᎡᏓᎵᎡᎵᏤᏢᏍᏗ
ᎤᏚᎩ ᎢᎬᏒ

7 ᏕᏗᏃᎩᏍᏱᏍᏗ;
ᎠᎴ ᏂᎪᎯᎸ
ᏧᏓᏌᎧᎯ ᏱᏎᏍᏗ
ᏕᎦᏓᏅᏛᎢ.

8 ᏯᏱᏣ ᎤᏤᎵ
ᎦᏓ ᏕᎦᎳᏍᎦ,
ᏧᏪᏅᏒ ᎦᎸᎳᏗ
ᎣᎦᎾᎸᎪᎩ.

HYMN 19.

Trust in God. Ps. 27.

ᎯᎠ ᎡᎳᏗᏢ ᏗᎧᏃᎩᏍᏗ ᏥᎪᏪᎳ ᏩᎳᎩ Ꭴ-ᎾᎴᏅᎳᏅᎯ ᎤᏃᏪᎳᏅᎯ.

1 ᎤᏁᎳᏅᎯ ᏧᎩᎾᎵᎢ,
Ꮭ ᏰᎦᏥᏍᎦᏚ;
ᎾᏍᏉ ᏂᎦᏛ ᎡᎳᏂᎬ
ᏯᎬᎩᏂᏆᏗᏬ
ᏙᎯ ᏯᎩ.

2 ᏌᏉ ᎪᎱᏍᏗ ᏥᏪᏚᎸᎡ
ᎤᏁᎳᏅᎯ, ᎾᏍᎩᏃ .
ᏙᏓᏥᎦᎿᏩᏕᏏ;
ᎠᏁᏭ ᏧᎾᏁᎶᏗ
ᎠᏆᏓᎳᏗᏍᏗᏯ.

3 ᎤᏲ ᏯᎾᏆᎵᏍᏓᏁᎸ
ᎤᏁᎳᏅᎯ ᏪᎩᏍᏕᎸ;
ᏕᏥᏃᎩᏍᏗᏍᏱᏍᏗᏃ
ᎤᏩᏯ ᏧᏍᏛ ᏂᏣᏛᏁᎸ
ᎦᎸᎳᏗ ᏢᎯ.

4 ᏝᏍᏗ ᏍᏆᏗᏍᎦᎳᏁᏅ
ᏍᎩᏍᏆᏂᎪᏗᏍᎩ,
ᎾᏍᏉᏃ ᏝᏍᏗ ᏍᏋᏕᏨ
ᎣᏏ ᏂᏍᏋᎿᏕᎬᎢ
ᎦᎸᎳᏗ ᏤᎯ.

5 ᎡᏙᏓᏃ ᎡᏥ ᎾᏍᏉ
ᏲᎬᏆᏓᎢᏅ,
ᎤᏁᎳᏅᎯ ᏯᎩᏍᏆᏂᎪᏓ;
ᎿᏆᏎ ᎣᎩᎾᎵᎢ
ᎦᎸᎳᏗ ᎡᎯ.

6 ᎯᏯᎵᎣᎦᏍᏙᏓ ᏣᏁᎳ-
ᎠᏎ ᏓᏩᏙᎵᏥᏉ, [ᏅᎯ,
ᏂᏍᎦᎢᏯᎾᏉ ᏱᏎᏍᏗ,
ᏲᏧᎦᎿᏩᏕᏅᏉ
ᏴᏩᏍᏆᏂᎪᏓᏉ.

HYMN 20. L. M.

Trusting in God. The dividing of the waters.

1 ᏣᏁᎳᏅ, ᎯᏯᎾᏍᎩ
ᏅᏩᏙᎯᏯᏛ ᎡᎶᎯ;
ᏂᎯ ᎯᏯᎴᏂᏙᎯ
ᏙᎯᏬᏉ ᎡᏙᏱᎢ.

2 ᎡᏧ ᏗᏳᏤᎵ ᏴᏫ
ᎠᏔᏉᎯ ᎤᏩᏌᎥ
ᏣᏂᏙᎾᎡ, ᎤᏩᏧ
ᎿᏉ ᏥᏚᏂᎾᏊᎢ,

3 ᎢᎬᏬᏢ ᏧᎵᏍᏆᎾᏦ
ᎠᏊᏬ, ᎣᏂᏗᏢᏃ
ᎾᎥᏂ ᎬᏩᏂᏍᎦᎩ
ᎬᏂᏳ ᏨᏗᎾᎢᏎ,

4 ᎿᏉ ᎠᏊ ᏣᏛᎦᏁ
ᎯᏁᎬ, ᏣᏁᎳᏅᎯ,
ᎠᏊ ᎤᏬᎯᏳᏁᎢ—
ᎠᏊ ᏔᎵ ᎸᏓᏕᎢ.

5 ᎾᏍᏉ ᎡᏉᏂ ᏦᏓᎥ
ᎢᎬᏬᏢ ᏧᎵᏍᏆᎾᏦ,
ᎿᏉ ᎡᏉᏂ ᎤᏬᏴ
ᎤᏬᏯᏛ ᎸᎵᏍᏔᏁᎢ.

6 ᏂᎯ ᏍᎩᏍᏆᏂᎪᏗᏍ
ᏱᏎᏍᏗ, ᏣᏁᎳᏅᎯ,
ᎥᏝ ᎿᏉ ᎢᎸᎯᏳ
ᎪᎱᏍᏗ ᏰᎦᏥᏍᎦᏯ

HYMN 21. 12, 9.

The Good Shepherd. Psalm 23

1 ᎠᏫ ᏗᎦᏧᏯ ᏥᏓᏧᏂᎲᎢ
ᎤᏂᏃᏕᎾ ᏧᏤᎵᎦ,

ᎾᏍᎩᏯ ᏱᎰᏩ ᎠᏆᏘᏂᏎᎢ,
ᎠᏫᏰᏃ ᎤᏤᎵ ᎠᏴ.

2 ᎢᏤ ᎦᏄᏄᏒ ᎠᏆᏘᏁᎪᎢ,
ᎾᏞᏃ ᎦᏂᏏᏯᏍᎪᎢ;
ᎠᏎᏃ ᏦᏍᏛ ᏕᎦᏄᎪᎬ ᎾᏞ
ᏅᏩᏙᎯᏯᏛ ᎨᏙᎰᎢ.

3 ᎢᏳ ᏯᏆᎴᎾᏄ, ᎠᎩᎦᏘᏯ
ᎤᏁᎳᏅᎯ ᎠᎩᏲᎰᎢ,
ᏧᏤᎵᏃ ᏕᎦᏅᏅ ᏚᏳᎪᏛ
ᏔᎵᏁ ᎠᏆᏘᏁᎪᎢ.

4 ᎢᏳ ᏒᏃᏱ ᎤᎵᏏᎬ ᏱᎨᏙᎲ,
ᎠᏏ ᎥᏝ ᏴᎦᏥᏍᎦᏯ;
ᎥᏝ ᎪᎱᏍᏗ ᎤᏲ ᏴᎬᎩᎷᏥ,
ᏱᎰᏩ ᏣᎩᏯᏫᏍᎪᎢ.

5 Ꮭ ᎪᎱᏍᏗ ᎢᏄᎯᏳ ᏯᏆᏓᏍᏘ,
ᏑᏍᏛᏭ ᏥᎪᏩᏘᏍᎨᏍᏗ,
ᏱᎰᏩᏰᏃ ᎤᏤᎵ ᎠᏫ ᎠᏴ,
ᎠᎴ ᎾᏍᎩ ᎠᎩᎦᏘᏯ.

HYMN 22. 11s.

1 ᎤᏁᎳᏅᎯ ᎯᏔᏲᏏ ᏑᏍᏛ
ᎢᏣᎵᏍᏓᏁᏗᏱ ᎠᏂ ᏢᏒᎢ,
ᎯᎠᏰᏃ ᎢᏳᏪᏛ ᎤᏁᏨ,
ᎠᏆᏜᏙᎵᏣᏔ, ᏧᏛᏁᎢ.

2 ᎢᏳᎪᎦ ᎠᎩᎳᎲᏎᎮᏍᏗ
ᏧᏍᏛ ᎢᏳ ᎵᏍᏓᏁᏗᏜ ᎡᏧᎢ,
ᏥᏍᎦᎸᏗ ᎨᏎᏍᏗ ᏂᎪᎯᎸ
ᎠᏴ ᏥᏯᏁᎳᏅᎯ, ᎤᏛᏁᎢ

3 ᏂᏣᏓᏪᏒᏉ ᎡᏥᎳᎲᏏ
ᎦᎸᎳᏗ ᎡᎯ ᎢᎩᏍᎦᎵᏍᎩ
ᏅᏩᏙᎯᏯᏛ ᎢᏨᏁᏗᏜ
ᎠᏂ ᎡᎳᏗ ᎨᏒ ᎢᏤᏧᎢ.

4 ᎢᏳᏃ ᎡᏥᎨᏳᎢ ᎨᏎᏍᏗ
ᎦᎸᎳᏗ ᎡᎯ ᎢᎩᏍᎦᎵᏍᎩ,
ᎠᏎ ᏦᏒ ᏫᏥᎾᎸᎪᎢᏍᏗ,
ᎾᏏᏃ ᏫᏤᎮᏍᏗ ᏂᎪᎯᎸ.

HYMN 23. 6, 6, 8.

The Lord's Prayer.

1 ᎦᎸᎳᏗ ᎮᎯ,
ᏧᎩᏙᏓ ᏂᎯ,
ᎡᏣᎸᏉ Ꮧ ᎨᏎᏍᏗ;
ᎠᏂᏃ ᎡᏣᎯ
ᏫᎦᎾᎸᏙᎩ
ᏣᎬᏫᏳᎯ ᎨᏒᎢ.

2 ᎠᏂ ᏫᏂᎦ:ᎵᏍᏓ
ᏭᏓᏅᏖᏍᎬᎢ,
ᎦᎸᏣ ᏥᏂᎦ:ᎵᏍᏗᏭ.
ᏧᎦᎵᏍᏓᏴᏗ
ᏂᏓᏙᏓᏆᏒ
ᎠᏴ ᏍᎩᏯᏁᎸᏍᎨᏍᏗ.

3 ᏍᎩᏯᏁᎳᏅᎯ,
ᏍᎩᏯᏙᎵᎨᏍᏗ
ᏂᎦᏛ ᏧᎩᏍᎦᏅᏨ;
ᎠᏴᏰᏃ ᎾᏍᏉ
ᏙᏥᏙᎵᎪᎢ
ᎪᎩᏍᎦᏅᏤᎯ ᏂᎦᏛ.

4 ᎠᏪ ᎾᏍᏉ ᏝᏍᏗ
ᎤᏓᏪᎾᏍᏗᏜ
ᏫᏗᏍᎩᏯᎫᏅᏍᎳᏅ,
ᏂᎪᎯᎸᏍᎩᏂ
ᏂᎦᎥ ᎠᏍᎦᏂ
ᏍᎩᎲᏍᏙᏓᏁᎮᏍᏗᏭ.

5 ᏣᏤᏞᎦᏰᏃ
ᏣᎬᏫᏩ:Ꭿ ᎨᏒ,
ᏣᏞᏂᎩᏗᏃ ᎨᎱ,
ᏒᏩᎸᏉᏗᏃ
ᎨᏒ ᏂᎪᎯᎸ.
ᎾᏍᎩᏉ ᏫᏂᎦ ᏍᏓ.

HYMN 24. 8, 7.

Psalm 139.

1 ᏱᎰᏩ, ᏣᏁᎳᏅᎯ,
ᏛᏢ ᏮᏓᎰᏳᏏ
ᏓᎬᏜᏗᏍᏔᏁᏞ?
ᏣᎾᏰᎯᏍᏗ ᏂᎯ.

2 ᎢᏳᏰᏃ ᎦᎸᎳᏗ
ᏱᎾᏆᏛᏁᎳᏅ,
ᎾᎿ ᏱᏍᎩᎪᏩᏘᎲ,
ᎾᎿᏰᏃ ᏗᏦᏔ.

3 ᏧᏂᏲᎱᏒ:Ꭿ ᏗᏁᏌ:Ꭲ
ᎾᏍᏉ ᏱᏣᎩᎶᏒ,
ᎠᏏᏉ ᏱᏍᎩᎪᏩᏘ:Ꮂ,
ᏂᎬᎾᏛᎢ ᎮᎯ.

4 ᎠᎭᏉᎯᏃ ᏣᏍᏛᎢ
ᎢᏳ ᏱᏣᏆᏕᏅ,
ᎾᎿ ᏱᏍᏆᏗᏂᏙᎲ
ᎠᏎ ᏱᏙᏍᎩᏂᏴ:Ꮂ.

5 ᎢᏳ ᎠᏎ ᏛᏌᏢᏂ
Ꭴ:ᏞᏏᎩ, ᏜᏆᏛᏅ,
ᎾᏍᏉ Ꭴ.ᏞᏏᎩ ᎨᏒᎢ
ᎢᎦᎯᏳᏉ ᏱᎩ.

6 ᏝᏍᏗ ᎬᏍᎦᏅᏤᎸᎩ;
ᏞᏰᏃ ᎯᎸᎯᏢ
ᏴᎦᎬᏜᏗᏍᏔᏏ,
ᏣᎾᏰᎯᏍᏗ ᏂᎯ.

HYMN 25. L. M

Psalm 139

1 ᏱᎰᏩ ᎣᏆᏁᎳᏅᎯ,
ᎠᏴ ᏍᎩᎪᏞᏰᎥᎯ,
ᎠᏎ ᏍᎩᎦᏙᎥᏒᎯ,
ᎠᏎ ᎧᏏ ᏍᎩᎦᏔᎲ.

2 ᎠᏉᎸᎢ ᎯᎦᏔᎲ
ᎠᏎ ᏕᎦᏎᎥᏍᎬᎢ;
ᎸᏍᏛᏃ ᎦᏓᏅᏖᏍᎬᎢ
ᏂᎪᎯᎸ ᎨᏞᎢ.

3 ᎠᏎᏈ ᏕᏣᏚᎾᏍᏗ
ᎠᏇᏏᏍᏗᏱ ᏂᎦᎥ,
ᎠᏎᏈ ᎯᎦᏔᎯᏩ
ᎨᏙᎲ ᏂᎪᎯᎸᎢ.

4 ᎥᏝ ᎾᏍᏉ ᏌᏉᎤᏅ
ᎢᏯᎩᏁᏨᎯ ᏂᎯ
ᏂᎦᏔᎲᎾ ᏱᎨᏎ,
ᏂᎬᎾᏛ ᎯᎦᏔᎯ.

5 ᏂᎪᎯᎸ ᎾᏍᎩ ᎯᎠ
ᏄᏍᏕᏍᏗ ᎦᏓ:ᏅᏖᏍᎬᎢ,
ᎠᎩᏍᎦᏅᎢᏍᏗᏱᏃ
ᏞᏍᏗ ᏯᏉᎪᏳᏁᏍᏗ;

ᏂᎦᎥᏰᏃ ᎨᏙᎲ
ᎤᏁᎳᏅᎯ ᎡᏙᏓ.

HYMN 26. 8, 7, 4.

Guide me, Jehovah.

1 ᏍᏆᏘᏂᏎᏍᏗ, ᏱᎰᏩ,
ᎡᎳᏗ ᎦᎢᏒᎢ;
ᏥᎨᏩᎾᎦᎵᏳ ᎠᏴ,
ᏣᎵᏂᎩᏗ ᏂᎯ.
ᏂᎪᎯᎸ
ᏍᎩᏍᏕᎵᏍᎨᏍᏗᏲᎪ.

2 ᏅᏬᏘ ᎦᏄᎪᎬᎢ
ᎠᏅᏬ ᏍᎩᏍᏚᎢᏏ;
ᎠᎹᏄᏃ ᎤᏣᎩᏄ
ᎢᎬᏱ ᎠᎢᏎᏍᏗ.
ᏍᎩᏍᏕᎵᏍᎩ
ᏘᏍᎩᎦᏖᏩᏗᏏ.

3 ᎦᎳᏏᏅ·ᎤᏩᏝᎥ
ᏦᏓᏂ ᎤᏪᏴᎢ,
ᏍᎩᏲᎯᏍᏓᏁᏄᏉᏃ
ᎠᏬᎵᎯᏍᏗᏍᎬᎢ;
ᏍᎩᏍᏕᎵᏍᎩ,
ᏙᎯ ᏕᏍᎩᏌᏍᏔᏅ.
ᏂᎪᎯᎸ
ᏙᏓᎬᏃᎩᏍᏔᏂ.

HYMN 27. C. M

Prayer for the Spirit

1 ᏍᏆᏁᎳᏅᎯ ᏨᏒᎯ
ᏍᏆᏁᏄᏍᎩ ᏧᏍᏛ,
ᎩᎳᎯᏉ ᎬᏔᏲᏎ
ᏣᏓᏅᏙ ᏧᏍᏛ.

2 ᏍᏉᏢᎯᏌᏏᏉ ᏖᏉ
ᎠᏆᏓᏅᏙᎩ,
ᏞᏍᏗ ᎠᏆᎴᎾᏍᏔᏅ,
ᎠᏓᎴᎾᏍᏗᏍᎩ.

3 ᎠᎴᏬ ᏘᏅᏏᏓᏍᏗ
ᏕᏓᎨᏅᏰᏍᏗ
ᎠᏂ ᎦᎴᏂᏙᎲᎢ;
ᏍᎩᏙᎵᎨᏍᏗᏉ.

4 ᏖᏉ ᎠᏎ ᏂᎪᎯᎸ
ᎬᏯᎵᏍᎦᏍᏙᏗ.

ᏝᏍᏗ ᎠᎩᎵᏓᏍᏔᏅ,
ᎦᎸᎳᏗ ᎮᎯ.

5 ᏂᎪᎯᎸ ᎬᎸᏉᏗ
ᏃᏒ ᏍᎩᏙᎵᏨ,
ᎦᎸᎳᏗᏃ ᎬᏗᏍᎩ
ᎬᎸᏉᏗᏍᎨᏍᏗ.

HYMN 28. C. M.

Prayer for Divine assistance.

1 ᏲᎨᏩ ᏍᎩᏍᏕᎵᏍᎨ-
ᏦᏥᏩᎾᎦᏔ, [ᏍᏗ
ᎢᏨᎨᏩᎢ ᎨᏒᎢ
ᎠᎵᏂᎪᏍᎨᏍᏗ.

2 ᏍᎩᏯᏁᎳᏅᎯ ᏣᏒ
ᏕᏣᏯᏁᎶᏗ,
ᏱᎩᏍᏕᎵᏍᎩᏃ ᎾᏍᏉ
ᏱᏥᎨᏩᎢᏩ.

3 Ꭴ:ᎵᏍᏆᎸᏗ ᎢᎦ ᎨᏒ
ᏱᎩᏯᏅᎨᎸ
ᎠᏂ ᎤᏚᎢ ᏧᏬᏚ
ᏙᏓᏚᎩᏚᏏ.

4 ᏦᏒ ᏨᏉ ᏂᎪᎯᎸ
ᎢᎦ ᏗᎨᏒᎢ
ᏭᏈᎮᏍᏗ ᏧᎦᎵᎢ
ᏍᎩᏯᏙᎱᏣᎯ.

HYMN 29. L. M.

The broad and narrow way.

1 ᏅᏃᎯ ᎠᏯᏖᏂᏩ
ᏨᏍᎩᏃ ᎾᎦᏅᏅᎢ;
ᎤᏂᏩᏔᏃ ᎾᏖᏂ
ᏴᏫ ᎤᎾᏕᏙᏩᏗ.

2 ᏥᏌᏍᎩᏂ ᎢᎦᏎᎮ
ᎠᏯᏙᎵ ᎦᏅᏅᎢ,
ᎠᏁᏙᎯᏍᎩᏂ ᎾᏖ
ᎢᏗᏢ ᎠᏂᎦᏚᎵ.

3 ᏍᎩᏍᏓᏩᏕᎦ ᎠᏗᏬ
ᎨᏩ ᎢᏩᏕᎵᏍᎨᏍᏗ
ᎦᎸᎳᏗ ᏙᎯ ᏦᏒ
ᎢᏨᏯᎵᏍᎪ:ᎸᏓᏁᎸ.

4 ᏕᏥᏚᏍᎨᏍᏗ ᏒᏊ
ᎠᏎ ᏂᎦᏗᏩ ᎤᏟ
ᎢᏥᎦᎸᎯ, ᎠᏗᏬ
ᎧᏁᎬ ᎢᎩᏍᏕᎵᏍᎩ

5 ᎩᎶ ᏧᏯᏛᎢᏍᏗᏩ
ᏳᏓᎸ ᎤᏁᎳᏅᎯ
ᎤᏬᎵ ᎠᏍᏓᏩᏗᏒ:Ꭲ,
ᎠᏎ ᏭᎠᏰᎵᎪᎦ.

6 ᎤᏋᏫᏍᏗᏍᎩᏂ ᎾᏍᎩ
ᎤᏓ.ᏅᏗᏉ ᎤᏈᎸᎯ;

ᎤᏥᏃ ᎢᏳ:ᎵᏍᏖᏁᏗ
Ꮭ ᎤᏜᏏᏫᎯ ᏱᎩ.

7 ᏯᏆᏁᎳᏙᎯ, ᎥᏓᏍᏗ
ᏲᏆᏑᎾᏍᎳᏁᏍᏗᏩ;
ᎠᎣ ᎤᎦᎩ ᎠᏋᏒ:Ꭲ
ᏓᏍ:Ꮧ ᎠᏎᏩ ᏱᎰᏎᏍᏗ.

8 ᎠᏂᏬᎵᎪᎩᏍᎩᏂ
ᎠᎣᏬ ᎤᎾᏑᎾᏍᏗ
ᏆᎾᏍᏫᎢ ᏓᏍᏗ ᎠᏴ
ᎾᏍᎩᏩ ᏱᎾᏆᏍᏕᏍᏗ.

4 ᎤᏪᎵᎯᏍᏗᏃ
ᎤᏪᎵᎯᏍᏗᏃ
ᎤᎶᏐᏁᏍᏗᏗᏩ ᏞᏩ ᏞᏩ
ᏦᏒ ᎾᏗᎹᏨᏬ.

5 ᎰᏪ ᏚᎶᏁᏫ,
ᎰᏪ ᏚᎶᏁᏫ
ᏮᏖᏰᏗᎪᎢ ᏞᏩ ᏞᏩ
ᏦᏒ ᎾᏗᎹᏨᏬ.

6 ᏕᏗᏃᎩᏍᎢᎲᏍᏗ,
ᏕᏗᏃᎩᏍᎢᎲᏍᏗ,
ᏚᏆᎳᏗ ᏦᏒ, ᏞᏩ ᏞᏩ
ᎾᏗᎹᏨᏬ ᎾᏞ.

HYMN 30.

The Resolve.

1 ᎢᏖᏣᏂᎬᏏ,
ᎢᏖᏣᏂᎬᏏ,
ᎡᏗᏆᏩᏖᏩ ᏞᏩ ᏞᏩ
ᎢᏚᏁᎳᏬ:Ꭿ ᎠᏴ

2 Ꮭ ᏴᏖᎪᎯᎰ,
Ꮭ ᏴᏖᎪᎯᎰ,
ᎾᏕᏙᏢᏍᏗᏩ ᏞᏩ ᏞᏩ
ᎢᎩᏙᏙᏱ ᏦᏒ:Ꭲ.

3 ᎠᏍᏚᏂᏃ ᎰᏒ,
ᎠᏍᏚᏂᏃ ᎰᏒ,
ᎤᎶᏐᏁᏍᏗᏗᏩ ᏞᏩ ᏞᏩ
ᏦᏒ ᎾᏗᎹᏨᏬ.

HYMN 31. 8, 7

Will ye also go away?

1 ᏌᏊᏂ ᎠᎾᎢᏒᎢ
ᎩᏯ ᎠᎾᎪᏆᎾ,
ᎦᏂᏊᏪᎩ ᏅᏃᎯ
ᎤᎾᏕᏙᎬᏗᏒ:Ꭲ.

2 ᎰᏊᏫᏚᏁᏥ ᎰᏪ
ᎯᎠ ᎾᎩᏪᏎᎰ:Ꭲ,
"ᎰᎪ ᎾᏍᏩ ᏔᎪᏆᏏ'
ᎠᏴᏍᎪ ᏖᏍᏋᏕᎰ?"

3 ᏍᎩᏍᏕᎵᏍᎩ, ᎰᏚᏔᏬ
ᎰᏩᎾᏚᏔ ᎰᏒ,

ᏂᏍᎩᏍᎦᏞᏍᎬᎾ ᏱᎩ
ᎡᎳᏗ ᏓᏥᏅᏥ

4 ᎠᏎᏃ ᎦᎪ ᏧᏬᏑ
ᎾᏍᏥᏩ:Ꭲ, ᎢᏳᏃ
ᏚᏩᏁᏯ ᏍᎩᏍᎦᏞᏍᎩ
ᏂᎯ ᏱᏗᎬᏏᎡ?

5 ᏂᎯᏉᏚᏃ ᏟᏒᎯ
ᎬᏂᏯ ᏩᏤᏞᎦ;
ᏟᏒᎯᏳ ᏚᏩᏁᏯ
ᎤᏁᎳᏅ:Ꭿ ᎤᏪᏥ.

6 ᏂᎯ ᏴᎾ ᏧᏍᎦᏞᏍᎩ
ᎬᏪᏞᏍᎦᏍᏙᏗᏫ,
ᎢᏳ ᏱᏗᏍᎩᏂᏴᏫ,
Ꮭ ᏱᏙᎦᎬᏏᎯ.

HYMN 32. S. M

Psalm 95.

1 Ꭷ ᎡᏗᏑᏉᏓ
ᎢᎦᏁᎳᏅᎯ;
ᎾᏍᏉ ᎡᏩ:Ꭿ ᏂᎬᎾᏯ
ᎤᎬᎾᏳ:Ꭿ ᎾᏍᎩ

2 ᎢᎦᏁᎳᏁᎢ,
ᎠᏧ ᎠᏫᏉᎯ,
ᎾᏍᏉ ᎡᏩᎯ ᎦᎰᏒ
ᏕᏊᎵᏁ ᎾᏍᎩ.

3 ᎡᏓᏞᎡᏞᏥ
ᎢᎦᏁᎳᏅᎯ,
Ꭷ ᏁᎬᏉ ᎤᏩᎳᏁ
ᎢᎪᎵᏁ ᎠᏴ.

4 Ꭷ ᏁᎬ ᎪᎯᏉ
ᏗᏓᏓᏂᏑᎩ,
ᏞᏍᏗ ᎠᏎᏉᏉ ᎠᏴ
ᏱᎦᏯᎦᏁᏍᏗ.

HYMN 33: L. M

"Jesus my all"—

1 ᎤᏁᎳᏅᎯ ᎤᏪᏥ
ᏦᏒᎢ ᏖᏉ ᏧᏩᏒ,
ᏥᏪᏞᏍᎦᏍᏙᏗ ᎾᏍᎩ,
ᏭᏩᏒ ᏮᏓᏥᏩᏏ.

2 ᎠᏪᏙᏞ ᎾᎦᏅᏅ,
ᎤᎾᏓ:ᏅᏗ ᏭᏂᏩᏒ:Ꭲ,
ᎤᏁᎳᏅᎯ ᏧᏬᏑ
ᏖᏉ ᎠᏎ ᎾᏥᎦᏗ.

3 ᎪᏱᎩ ᎬᏞᏧᏅᏯ
ᏚᏓ:ᏅᎰᏍᎪ ᎦᏑᎳᏗ,
ᏥᏪᏓᏙᏞᏍᏓᏁᎰ:Ꭲ,
ᎠᏎᏃ ᏥᏪᏚᎪᏉ.

4 ᎤᏟᎯᏉ ᏥᏍᎦᏅᎪ
ᎦᏟᏂᎬᏁᎰ:Ꮓ ᎠᏎ,
ᏝᏉᏃ ᏥᏯᎹᎦᏅ
ᎤᏁᎳᏅᎯ ᎤᏪᏥ.

5 ᎡᏢᎾ, ᎤᎹᏅ ᏥᏌ;
ᏑᏏᏣ ᎠᎩᏰᏄᏅ,
ᏧᏜᏄ ᏩᎩᏣᏒᎩ,
ᏋᎠᏆᏏᏂᏄᏨᎩ.

6 ᏝᏉ ᏙᏏᏥᏃᏁᏞ
ᎠᏂᏍᎦᎾ ᎠᏁᏉᎢ
ᎤᏁᎳᏅᎯ ᎤᏪᏥ
ᏥᏃᎯ ᏥᏥᏩᎹᏜ.

7 ᎤᏁᎳᏅᎯ ᎤᏪᏥ
ᏤᏣᎦᏅᎦ ᎢᎦᏞ:Ꭲ,
ᎤᏣᏜ ᎤᎩᏞᏦᏤ
ᏂᎯ ᎢᏣᎫᏜᏍᎰᎢ.

HYMN 34. 12, 9.

I will tell what God has done for me.

1 ᎠᏂᏦ ᎢᏥᎷᎩ ᎡᏣᎫᏰᎹ,
ᏂᎦᎹ ᎢᏣᎹᏏᏍᏕᏍᏗ,
ᏏᏨᏃᏢᏢᏞ ᏄᏞᏢᏞᏍᎹᎢ
ᎠᏴ ᏥᏌ ᎠᎩᏙᏞᏨ:Ꭲ

2 ᎦᏄᎳᏗ ᎡᎯ ᏥᏍᎦᏅᏤᏄᎩ,
ᏧᏦᎵ ᏫᎦᎾᏄᎪᎬ
ᎠᏯᏄᏞ ᎠᏆᏕᏙᏩᏗᏒᎩ,
ᎪᎱᏍᏗ ᏂᏥᎾᏰᏍᎬᎾ.

3 ᎤᏁᎳᏅ:ᎯᏉ ᎤᏏᏙᏞᏣᎹᎢ
ᎠᏏ ᎡᎳᏗ ᏥᎦᎣᏁ:Ꮼ;
ᎤᏣᎳᏅᎯᏍᎩᏂ ᎤᏍᏆᏂᎪᏗ
ᏨᏍᎩᏃ:Ꭲ ᏫᏂᎰ:ᎥᎾ ᏥᎩ.

4 ᎤᏣᎳᏅᎯ ᎤᏞᏏᎬ ᏥᏅᎬ:Ꭹ,
ᏥᎰᏞᏍᎬᎾ ᏫᏥᎦᎹ:Ꭲ;

ᎠᏍᎩᎾ ᎤᏚᎵᏍᎬ ᎠᏆᏘᏂᏒᎩ.
ᎠᎴ Ꮭ ᏱᏥᏂᏆᏘᏢᎢ.

5 ᎩᎳ ᎦᎸᏉᏗ ᏲᎰᏩ ᎤᏁᏨ.
ᎠᏴ ᎠᏆᎴᏫᏍᏙᎳᏅ,
"ᏣᏍᎦᏅᏨᎯ ᎭᎦᎳᏘᎾ," ᎤᏛᏅ,
"ᎦᏙᏉᏃ ᏛᎯᏰᎱᏏ?"

6 ᎠᏆᏓᏅᏙ ᎿᏉ ᎤᏛᏂᏛᎯ,
ᎠᎩᏰᎱᏒ ᏚᎴᏅᎩ;
ᎢᏤ ᏗᎧᏃᎩᏛ ᏓᏋᏔᏅᎩ;
ᏥᏌ ᏕᏥᏃᎩᏍᏔᏅᎩ.

HYMN 35. S. M.

The same.

1 ᏞᏉ ᎢᎦᎵᎢ,
ᎢᏣᏙᎴᎰᎯ
ᎤᏬᏰᎯᏍᏗᏳ ᎠᏴ
ᏣᎩᎪᏩᏛᏗ.

2 ᎠᏆᏁᎳᏅᎯ
ᏥᏍᎦᏅᏤᎮᎯ,
ᎠᏆᏕᏙᏩᏗᏒᎩ
ᏧᏰᎵ ᏨᏍᎩᏃᎢ

3 ᎠᏎᏃ ᎦᎵᏗ;
ᏥᏌ ᎦᎶᏁᏛ
ᏞᏉ ᏥᏯᎵᏍᎦᏍᏙᏓ
ᎤᏓᏙᎵᎶᏘ.

4 ᎡᎳᏗ ᏥᏩᏛ
ᏅᏩᏙᎯᏯᏛ,
ᏥᏥᏯᎵᏍᎦᏍᏙᎳᏅ
ᏥᏌ ᎦᎶᏁᏛ.

5 ᎾᏍᏉ ᎦᎸᎳᏗ
ᏙᎯ ᏫᎰᎡᏍᏗ,
ᎿᏉ ᏧᏁᏤᎵᏓᏍᏗ
ᎬᏆᏘᏁᎡᎭ

6 ᎾᎿ ᎦᎶᏁᏛ
ᎠᎴ ᎤᎾᏓᏅᏘ
ᎢᏧᎳᎭ ᏭᏤᎮᏍᏗ
ᎿᏉ ᏂᎪᎯᎸ

7 ᏝᏉ ᎱᎦᎵᎢ;
ᎢᏣᏙᎴᎨᎯ
ᏄᎵᏢᎵᏍᏛᎢ ᎠᏴ
ᏣᎩᎪᏩᏛᏗ.

HYMN 36. C. P. M

1 ᎤᏁᎳᏅᎯ ᎤᏪᏥ
ᏂᎦᏗ ᎡᏗᎨᏳᎢ,
ᎿᏉ ᏗᏓᎴᏗ,
ᏘᏣᏒ ᎢᏓᎢᏎᏍᏗ,
ᏕᎦᏓᏂᏴᏎᏍᏗᏃ,
ᏗᎦᏓᎨᏳᎯ.

2 ᎤᎬᏫᏳᎯ ᎤᏤᎵ
ᏕᏗᎧᎿᏣᏗᏎᏍᏗ
ᎠᏂ ᎡᏣᎯ ᎨᏒ;
ᏌᏉᏃ ᏄᏍᏗᏗᏎᏍᏗ;
ᏥᏌ ᏚᏣᏁᏛ ᎾᏍᎩ
ᏕᎦᏘᏂᏎᏍᏗ.

3 ᎣᏍᏛ ᎢᎩᏙᎵᏨᎯ
ᎡᏓᎵᏒᎵᏤᏢᏍᏗ
ᏂᎪᎯᎸ ᎿᏉ;
ᏳᏙᎯᏳ ᏱᎩᏰᎸ
ᎠᏎ ᎢᎩᏍᏕᎸᏗᏉ,
ᎤᏁᏨᎯᏰᏃ.

4 ᎤᏁᎳᏅᎯ ᎤᏪᏥ
ᏧᏪᏙᎵᏍᏗᏉ ᎠᏎ
ᎬᏩᏔᏲᏎᎯ;
ᎢᎦᏛᎦᏅᎯᏰᏃ
ᏄᏍᏛᏉ ᎢᏕᏗ ᎠᏂ,
ᎤᏲᏍᏛᏉᏰᏃ.

5 ᏰᏗᏔᏏᏘᏦ ᏥᏌ,
ᎤᏲ ᎢᎦᎵᏍᏓᏁᏗ
ᎿᏆᏎ, ᎤᏁᏨ,
ᏄᏃᎯᏳᏅᎾ ᏱᎩ
ᏓᏳᎾᎴᎾᎵ ᎠᏎ,
ᎤᏛᏅᎯ ᏥᏌ

6 ᎤᏁᎳᏅᎯ ᎤᏪᏥ
ᎯᎠ ᏂᎩᏪᏎᎴᎢ;
ᎠᏴ ᏍᎩᏍᏓᏩᏕᎦ,
ᏓᏥᏩᏛᎯᏉ ᎠᏎ
ᏫᎾᏍᏛᎾ ᎢᎦᎦᏘ
ᎦᎸᎳᏗ ᏦᏒᎢ.

HYMN 37. L. M.

1 ᎢᎦᎵᎢ, ᏗᏗᏃᎩ,
ᎦᎸᎳᏗᏃ ᎠᏁᎯ
ᎾᏂᏪᏍᎬᎢ ᏂᏗᏬ,
ᏥᏌ ᏓᏂᏃᎩᏍᏗᏍᎬᎢ.

2 ᎠᎴ ᏗᎦᏓᎨᏳᎯ
ᎨᏎᏍᏗ ᏂᎪᎯᎸᎢ,
ᏌᏉᏰᏃ ᏗᎨᏅᏒ,
ᎠᎴ ᏌᏉ ᎢᎦᏓᏅᏛ

3 ᎠᎴ ᏗᎦᏓᏂᏴᏛ
ᏥᏎᏍᏗ ᏕᎦᏓᏅᏛ;
ᎦᎸᎳᏗ ᏗᎦᏕᏍ
ᏁᏥᏅᏒ ᎾᏗᎦᏘ.

4 ᏥᏌ ᎦᏲᏞᏛ ᎤᎩᎬ
ᎦᎸᏉᏗ ᎤᏁᏛᏁ,
ᎾᏍᎩ ᎢᎩᏅᎦᏞᏍᎩ
ᏚᎩᏍᎦᏅᏨ ᎤᏪᎢ.

5 ᏥᏌ, ᎠᏂ ᎣᏤᎵᏒ,
ᎦᎸᎳᏗ ᎡᎯ ᎠᏓᏅᏙ,
ᏦᎦᏓᏅᏙ ᏗᎧᏞᎢᏍᏓ
ᏣᏆᏞ ᏩᏓᏅᏙᎩ.

ᎯᏃᏊᏴ ᏣᏍᎦᏅᏨ
ᎤᏪ ᏂᎦᎵᎢ.

4 ᎠᏎ ᏧᏬᏚᏞᏍᏗᏉ
ᎦᎸᎳᏗ ᎡᎯ,
ᎬᏩᏓᏚᏞᏍᏓᏰᏃ
ᏕᎦᏚᏞᎯᎢ.

5 ᎩᎾᏞᎢ, ᎯᏬᏛᏓᏍᏓ
ᎦᎸᎳᏗ ᎡᎯ;
ᏓᏣᏍᏕᏁᎯᏉ ᎠᏎ
ᏙᎧᎯᏳ ᎢᏳ

6 ᏃᎯᏳᏑᏍᎬᎾ ᏙᎩ
ᏓᏣᏞᎾᏞᏉ,
ᏧᏂᎵ ᏂᎪᎯᏁᎢ
ᏆᏆᏎ ᏬᎵᏍᏗ.

7 ᎾᏍᎩᏰᏃ ᎢᏳᏬᏛ
ᎦᎸᎳᏗ ᎡᎯ;
ᏧᏬᏚᏞᏍᏗᏉ ᎠᏎ
ᎬᏬᎯᏳᏅᎯ.

8 ᎯᏁᎢᏳᏑᎦᏁᎪ
ᎦᎸᎳᏗ ᎡᎯ;
ᏆᏉ ᎠᏎ ᎦᎸᎳᏗ
ᏬᎵᏍᏗ ᏦᏒᎢ.

HYMN 38. C. M.

"Come, humble sinner."

1 ᎡᎵᎾ, ᏫᏓᏙᏞᏍᏗ,
ᏩᏍᎦᏅᏨᎯ ᎤᏁ,
ᎠᏎ ᏓᏩᏙᏞᏥᏉ
ᎦᎸᎳᏗ ᎡᎯ.

2 ᏙᏗᎦᏆᏩᏕᏅᏉ
ᎦᎸᎳᏗ ᎡᎯ,
ᏓᏩᏁᎳᏂ ᏦᎢᎢ
ᏩᏓᏅᏗ ᏥᎢᎢ.

3 ᎯᏬᏓᏙᏞᏍᏓᏰᏉ
ᎦᎸᎳᏗ ᎡᎯ,

HYMN 39. 8, 7, 4.

Come to Jesus.

1 ᎡᏤᎾ ᎢᏥᏍᎦᏅᏨᎯ,
ᎦᎨᏛ ᎫᏣᎴᏎᎯ,
ᏥᏌ ᎢᏥᎲᏂᏍᎬᎢ
ᎿᏉ ᎢᏣᏛᏓᏍᏓ;
ᎠᏂᏍᎦᎾ
ᏥᏌ ᏕᎦᏙᎴᎪᎢ.

2 ᎢᏣᏛᏅᎢᏍᎳᏅᎭ
ᎩᎳ, ᎢᏤᎴᏍᎨᏍᏗ,
ᎥᏝ ᎢᏄᎯᏳ ᏥᏌ
ᏰᎦᏯᏥᎷᏥᏴ;
ᎿᏉᏲᎪ
ᎢᏥᎷᎩ ᏂᎦᏛ.

3 ᎢᏥᏍᎦᎾ, ᏤᏣᎦᏅᎦ
ᎢᏣᏁᎳᏅᎯ ᏥᏌ;
ᏓᏓᎿᏩᏍᏛ ᎦᏛᎢ
ᎢᏥᏲᎱᎯᏎᎭ;
ᎠᎴᏍᏆᏓ,
ᎠᏗᎭ ᏫᏁᎬᎢ.

4 ᎡᏣᎴᏍᎦᏍᏙᏓ ᎾᏍᎩ;
ᏞᏍᏗ ᎢᏣᏙᎯᏛᎩ,
ᏥᏌᏯᏃ ᎤᏩᏒᎯ
ᏑᏥᏍᏕᏄᏗ ᏂᎯ;
ᎢᏥᏍᎦᎾ,
ᏑᏥᏍᏕᏄᏗ ᏂᎯ.

HYMN 40. 8. 7

Repent and believe.

1 ᎢᎩᏍᎦᏅᏨᎯ ᎤᏲ,
ᎢᏓᏓᏅᏖᏍᎨᏍᏗ
ᎤᏁᎳᏅᎯ ᎤᏁᏨᎢ
ᎠᏰ ᎢᎩᏙᎴᏍᏗᏱ.

2 ᏗᏤᎨᏍᏗ ᎢᏥᏍᎦᎾ,
ᏓᏥᏙᎴᏥ ᎠᏎ;
ᎠᎯᎩ ᎬᏩᏧᏅᏛ
ᏗᎩᎲᏂ ᏦᏒᎢ.

3 ᏞᏍᏗ ᎢᏣᏙᎯᏛᎩ,
ᏰᎨᏙᎯᏓ ᎢᏕᏢ,
ᎤᏁᎳᏅᎯ ᎤᏩᏒ
ᎬᏬᎯᏗᏍᏗ ᎢᏕᏢ.

4 ᏤᏗᏲᎯᏴ ᎢᏕᏢ,
ᏧᏴ ᏅᏓᎬᏁᎴ;
ᎾᏍᎩᏉ ᏂᎦᏪᏍᎬᎢ
ᏗᎫᏫᎿᏩᏕᏕᎦ.

5 ᎢᎦᎴᎢ ᎢᏦᎯᏳᏢ
ᎤᏁᎳᏅᎯ ᏫᏁᎬ,
ᎡᏥᏔᏲᏎᎮᏍᏗᏉ,
ᎠᏎ ᏓᏣᏙᎴᏥ.

6 ᏧᏪᏙᎴᏍᏗ ᎿᏆᏎ
ᎨᏩᏓᏙᎴᏍᏓᏴ:

ᎠᏎᎸᎪ ᎢᏤᎰᏍᏗ,
ᎢᏣᏛᏓᏍᏗᏍᎨᏍᏗ.

7 ᎤᏁᎳᏅᎯ ᏂᏥᏪᏎ,
ᏍᏃᏉ ᎢᏥᏍᏆᏂᎪᏗ.
ᎱᎦᏛᎢ ᏗᏓᏓᏂᏴ,
ᏌᏉ ᏐᏉ ᏗᎨᏅ.

8 ᏌᏉ ᏐᏉ ᎢᎦᏓᏅᏙ,
ᎤᏁᎳᏅᎯ ᎤᏤᎵᎦ;
ᏐᏉ ᎠᏎ ᎾᏍᎦᏘ
ᎢᎩᏙᏓ ᏧᏬᏪᎢ.

9 ᏥᏌ ᎦᎶᏁᏛ ᎪᎦ
ᏕᏗᏃᎩᏍᏗᏍᎨᏍᏗ,
ᎤᏁᎳᏅᎯ ᎤᏩᏒ
ᎡᏓᎵᏍᎦᏍᏙᏗᏍᏗ.

10 ᏐᏉ ᏙᏓᎩᏍᏅᎯ
ᎦᏄᎳᏗ ᏦᎡᎢ,
ᏱᏂ ᏅᏓᏳᎬᏁᎵ
ᏐᎢᏎ ᏂᎪᎯᏄ.

HYMN 41. L. M

Self-righteousness renounced.

1 Ꮭ ᏐᏉ ᎣᏥᏁᎳᏅᎯ
ᏓᎩᏄᎾᏍᏓᏁᏄᎢ,
ᎠᎴ ᎤᎦᎩ ᎠᏕᏒ
ᏧᎦᎵᏍᎦᏍᏙᏗᏍᎨᏍᏗ.

2 ᎤᏂᏴᏃ ᏍᏃᎩᏳ
ᏓᎩᏄᎾᏍᏓᏁᎸᎩ,
ᎠᎴ ᎠᎢᏓᏅᏛ ᎤᏂ
ᎨᏒᎩ ᏂᎪᎯᏄᎨ.

3 ᏤᏥᏍᎩᏂ ᏄᏛᏁᏄ,
ᎠᎩᏁᎢᎯᏎᏄᎢ,
ᎾᏍᎩᏉ ᎤᏬᏢᎯᏳ
ᏐᏉ ᎠᎢᎵᏍᎦᏍᏙᏗᏍᏗ

4 ᎾᏍᎩ ᏥᎨᏳᎢ ᎨᏒ
ᏐᏉ ᏅᏓᎦᎵᏍᏙᏓ
ᏂᎦᏛ ᏣᎩᎨᏳᏒ
ᎡᏝᏂᎬ ᏓᎩᏂᎯ.

HYMN 42. L. M

Psalm 51.

1 ᎢᎬᏱ ᏣᏬᏛᎢ,
ᏱᎰᏩ, ᎦᏓᏅᏂᎦ;
ᏨᏓᏙᎵᏣᏘ ᎨᏒ
ᎤᏬᏢ ᎠᎢᎵᏍᎦᏍᏙᏙᎢ

2 ᎥᏳᏝ ᎤᎾᏋᎯᏍᏗ
ᏭᎾᏂᏳ ᎤᏓᏬᏍ;
Ꮭ ᎦᏙᏬᎵᏰᏍᎬᏉ
ᏴᎵ ᏰᎬᎢᏗᎾᏍᏓ.

3 ᎥᏝ ᏥᏍᎢᏉ ᎤᏲᎬ,
ᎠᎴ ᎠᏎᏉ ᎤᏲᎬ.

ᎠᎴ ᏅᏬᏘ ᎪᎱᏍᏗ
ᏰᎵ ᏴᎬᎩᏅᏮᎦ.

4 ᎠᎴ ᎡᏉᏂᏉ ᏥᏴ,
ᎠᎴ ᎠᏑ ᏥᏂᎦᎥ
ᎥᎵ ᏴᎬᎩᏅᎦᏄ;
ᎠᎩᏍᎵᏨᎯ ᎤᏲ.

5 ᏥᏌ ᎠᏆᏁᎳᏅᎯ
ᎤᎩᎬ ᎦᏄᏉᏗᏳ,
ᎾᏍᎩᏉ ᎤᏩᏒᎯᏳ
ᎠᎩᏩᏛᏒᎯ ᎬᏂᏛ.

6 ᏯᏥᏩ, ᎬᏍᏛᎦᏏ
ᎣᏒᏉ ᏍᎩᏙᎵᏨᎢ;
ᏌᏉᏉ ᎢᏣᏁᎢᏍᏗ
ᎤᏁᎩᏳ ᎢᏍᏋᏁᏗ.

HYMN 43. C. M.

The Prodigal Son.

1 ᎠᎾᏅ ᎡᏓᏅᏓᏓ
ᎤᏍᎦᏅᏨᎯ ᎤᏲ,
ᏧᏲᏏᏍᏥ, ᏧᏕᎵᏍᏥ
ᏏᏆ ᎤᎾᎵᏍᏓᏴᏗ.

2 ᎠᏎᏃ ᎤᏓᏅᏘᏌᏅ
ᎯᎠ ᏄᏬᏎᎢ;
ᎡᏙᏓ ᏧᏅᏏᏓᏍᏗ
ᎤᏣᏔ ᎤᏂᎸ.

3 ᎡᏙᏙᏯ ᏓᏥᏏ, ᎯᎠ
ᏅᏓᏥᏬᏎᎵ,
ᎡᏙᏓ, ᎬᏍᎦᏅᏤᏄ,
ᎠᎴ ᎤᏁᎳᏅᎯ.

4 ᏝᏞᏉ ᏰᎵ ᎠᏇᏥ
ᏦᏍᏉᏎᏗ ᏱᎩ;
ᏗᏅᏒᎯᏉ ᎢᏳᎾᏍᏗ,
ᎡᏙᏓ, ᏂᏍᏋᎦ.

5 ᎤᏁᏨᏃ, ᎤᏙᏙᏯ
ᏞᎩ ᏚᎷᏤᎢ,
ᎤᏙᏓᏃ ᎤᎪᎲᎢ
ᎠᏏ ᏣᎢᏎᎢ.

6 ᎤᏬᏥ ᎤᏬᏙᎵᏤᎢ;
ᏚᏍᏆᏄᏔᏁᎢ;
ᎤᏣᏘ ᎤᏥᏳᏎᎢ;
ᎯᎠ ᏄᏬᏎᎢ;

7 ᎠᏇᏥ ᎡᏥᏄᏬᏣ
ᎤᏬᏚᎯ ᎠᏄᏬ,
ᎣᏍᏛᏃ ᎢᏓᏓᏅᏓᏓ
ᎠᏴ ᏂᏗᎥᎢ.

8 ᎤᏲᎱᏒᎯᏰᏃ ᏥᏒᎩ,
ᏔᎵᏁ ᎢᏒᎸ;
ᎡᏓᎽᏨᎯ ᏥᏒᎩ,
ᎢᎠᏥᏩᏛᏉ.

9 ᎾᏍᎩ ᎤᏙᏓ ᏄᏪᏎ,
ᎤᏪᏙᎵᏤᎢ,
ᎾᏍᏉᏍᎩᏂ ᎢᎩᏙᏓ
ᎤᏓᏙᎵᏣᏔ.

HYMN 44. 7s.

Redeeming Love.

1 Ꭷ ᎿᏉ ᎢᏓᎴᏅ,
ᏂᎦᏛ ᎤᎴᏃᏅ:Ꭿ,
ᎠᏍᏓᏯ ᏗᏗᏃᎩ
ᏥᏌ ᎢᎩᎨᏳᏒ.

2 ᏂᎯ ᎡᏥᏙᎵ:ᏨᎯ,
ᏥᏌ ᎢᏣᏧᏰᏛ,
ᎿᏉ ᎢᏥᎸᏉᏓ
ᏥᏌ ᎢᏥᎨᏳᏒ.

3 ᎠᏍᎩᎾ ᎠᏍᎦᏂᏃ
ᏗᏥᏍᏓᏩᏗᏙᎯ,
ᏝᏉ ᏱᏣᏙᎴᎨ:Ꭿ
ᏥᏌ ᎢᏥᎨᏳᏒ.

4 ᏙᎯ ᎢᏣᏓᏅᏓᏓ,
ᏱᏥᎦᏌᏬᎢᎯ,
ᎿᏉ ᎢᏣᏓ:ᏅᏛᎵ
ᏥᏌ ᎢᏥᎨᏳᏒ.

5 ᎡᎳᏗ ᎤᎷᏥᎴ:Ꭲ,
ᎤᎩᎵᎲᏥᎴᎢ
ᏅᏧᎵᏍᏙᏔᏁᎢ
ᎠᏴ ᎢᎩᎨᏳᏒ.

6 Ꭷ ᏗᏓᎵᎪᏍᏓ
ᎦᎸᎳᏗ ᎠᏁᎯ,
ᎠᏍᏓᏯ ᏗᏗᏃᎩ
ᏥᏌ ᎢᎩᎨᏳᏒ.

HYMN 45. S. M.

Grace.

1 ᎤᏓᏙᎵᏣᏛ
ᎦᎸᎳᏗ ᎡᎯ
ᎤᏣᏘ ᎤᏬᏚᎯᏳ
ᏴᏫ ᎤᏛᎪᏗ

2 ᎤᏓᏙᎵᏣᏛ
ᎤᏬᎷᏩᏛᎲ,
ᏴᏫ ᎤᎾ:ᎵᏍᎦᎸᏙᏗ
ᎤᏂᏍᎦᏅᏨᎢ.

3 ᎤᏓᏙᏓᏣᏛ,
ᏴᏫ ᏚᎨᏳᏒ,
Ꭴ.ᎵᏍᎪᎸᏔᏁ ᎤᏪᏥ
ᏧᎻᎱᎯᏎᏗ:Ꮬ.

4 ᎤᏓᏙᎵᏣᏛ
ᎠᏆᏁᎳᏅᎯ
ᎠᏆᏓ:ᏅᏙ ᎤᎻᎢᏳ
ᎤᏁᏟᏴᏎᎢ

5 ᎤᏓᏙᎵᏣᏛ
ᎠᏆᏘᏁᎪᎢ
ᎦᎸᎳᏗ ᎾᏥᎦᏛ
ᏧᏬᎸ ᎬᏗᏍᎩ

6 ᎤᏓᏙᎵᏣᏛ
ᎦᎸᎳᏗ ᎡᎯ
ᎠᏂ ᎠᎴ ᎦᎸᎳᏗ
ᏥᎸᏉᏗᏍᎨᏍᏗ.

HYMN 46. 8, 7.

Praise to the Saviour.

ᏫᎩᏍᏕᎵᏍᎩ, ᏨᎡᎯᏩ
ᎢᏨᎸᏉᏗᏍᎪᎢ,
ᏫᎩᏍᏕᎵᏍᎨᏍᏗᏉᎪᎦ
ᏂᎪᎯᎸ ᏭᏤᏪ:Ꭲ

ᏦᏒᎢ ᏬᏥᎦᏘ,
ᏬᏥᎦᏘ ᎤᏁᎳᏅ:Ꭿ
ᎱᏬᎸᎢ ᏬᏤᏢᏍᏗ
ᏏᏆᏄ ᏂᎪᎯᎸ.

2 ᎤᏁᎳᏅᎯ ᎤᏪᏥ
ᏯᏥᎸᏉᏗᏍᎨᏍᏗ
ᏬᏥᎷᏨ ᏧᏬᎸᎢ
ᎦᎸᎳᏗ ᏦᏒᎢ.

ᏦᏒᎢ ᏬᏥᎦᏘ—

3 ᎤᏬᏚᎯ ᎢᎦ ᎨᏒ
ᎾᏏ ᏓᏲᏥᎪᎯ,
ᎢᏩᏃ ᎠᎵᏍᏆᏛᎲ
ᎡᎶᎯ ᏭᏤᏪᎢ.

ᏦᏒᎢ ᏬᏥᎦᏘ—

4 ᎤᏁᎳᏅᎯ ᎤᏁᏨᎢ
ᏯᏏ ᏯᏥᎦᏔᎲ,
ᎡᎶᎯ ᏓᏣᏛᎨᏅ:Ꮂ
ᎤᎵᏍᏆᏗᏗᏄᏍᏗ.

ᏦᏒᎢ ᏬᏥᎦᏘ—

5 ᎤᏂᏍᎦᏅᏨᎯ ᎤᏲ
ᏛᎠᏂᏍᎦᎵ ᏥᏌ,
ᏏᏉ ᏥᏌ ᏣᎢᏄᏍᏗ
ᎤᏍᎦᏄᏗ ᎨᏄᏍᏗ.

ᏦᏒᎢ ᏬᏥᎦᏘ—

6 ᎠᏄᎢ ᏓᏨᏂᏴᎯ
ᏫᎩᏍᎫᏴᏛ ᏥᏌ;
ᎢᏨᏭᎵᏍᎦᏍᏙᏕᏍᏗ
ᎢᎦ ᎤᏭᎦᏄᏛᎢ.

ᏦᏒᎢ ᏬᏥᎦᏘ—

HYMN 47. S. M.

Praise to Jesus.

1 ᏝᏉ, ᎢᏕᎵᎢ,
ᎡᏗᎸᏉᎦᏍᏗ
ᎤᎬᏫᏳ.Ꭿ ᎢᏕᏙᎵ,
ᏕᎸᎳᏗ ᎡᎯ.

2 ᏥᏌ ᏕᏣᏁᏛ,
ᏗᏍᎩᏜᏲᏯᏕ
ᏗᎧᏃᎩᏛ ᏧᏬᏚ
ᏕᎸᎳᏗ ᏙᎯ.

3 Ꭸ ᎤᏬᏚᎯᏳ
ᎾᏂᏯᏅ ᏦᏒ;
ᏂᎯᏆᏗ ᏨᏒᎯᏳ
ᎨᏣᎸᏉᏗᏅ.

4 ᏆᎾᏍᏛᎾ ᎠᏴ
ᎦᏨᏃᎩᏍᏗᏅ;
ᎠᎴ ᎢᏨᎨᏳᏎᏍᏗ
ᎿᏉ ᏂᎪᎯᎸ.

HYMN 48. H. M.

Jesus is King.

1 ᎢᏣᎵᎮᎵᎩ;
ᏂᎪᎯᎸᏜᏃ
ᎿᏉ ᎤᎬᏫᏳ.Ꭿ
ᏆᏨᏧᏴᏯᎯ.
ᎢᏦᎯᏳ.Ꭿ
ᏂᏕᏗᏳ
ᎠᏍᏓᏯᏳ
ᏗᏥᏃᎩ.

2 ᏥᏌ ᏕᏣᏁᏛ
ᎤᎩᎵᏲᏨᎯ
ᎿᏉ ᏂᎪᎯᎸ
ᎠᏥᎸᏉᏗᏳ.
ᎢᏦᎯᏳ
ᏂᏕᏗᏳ
ᎠᏍᏓᏯᏳ
ᏗᏥᏃᎩ.

3 ᏂᏕᏛ ᏕᎸᏣ
ᎠᎴ ᎡᎳᏂᎬ
ᏧᏙᎵ ᎨᏒᎢ
ᎥᏝ ᏴᎬᏲᎩ.
ᎢᏦᎯᏳ
ᏂᏕᏗᏳ
ᎠᏍᏓᏯᏳ
ᏗᏥᏃᎩ.

4 ᎢᏣᎵᎮᎵᎩ!
ᏥᏌ ᏓᏕᎹᏥ,
ᏕᎸᎳᏗ ᏦᏒ
ᏙᏓᏕᏯᏁᏴ.
ᏕᏣᏁᏛ
ᏓᏕᎹᏥ;
ᎠᏍᏓᏯᏳ
ᏗᏥᏃᎩ.

HYMN 49. 8, 7. ᎠᎴ ᎤᏍᏓᏩᏛᏎᎢ ᎠᎢᏒ ᏚᎶ.ᏁᏛ.

Blind Bartimeus.

‘ᏍᎩᏙᎵᎩ ᏣᎬᏫᏳ.Ꭿ!
ᎩᏣᎢ ᎯᏁᎬᏉ
ᎠᎾᎵᏍᏕᎸᏙᏗᏱ,
ᎠᏴ ᎿᏉ ᏍᎩᏍᏕᎸ.”

2 ᎾᏍᎩ ᏄᏪᏎ.Ꭲ ᏗᎨᏫ
ᏆᏘᎻ ᏧᏙᎢᏛ;
ᎤᏂᏣᏖ ᎤᏂᏍᏚᏤ
ᎾᏍᎩ ᎤᏪᎷᎬᎢ;

3 ᎠᏎᏃ ᎤᏍᏓᏑᏕᏉ,
ᎬᏂ ᎤᎬᏫᏳᎯ
ᎤᏁᏨ ᎯᎠ ᏄᏪᏒ;
‘ᏣᎦᎵᏍᎬ ᎯᏔᏂ.Ᏹ.’

4 Ꮭ ᎠᏕᎸ ᏳᎦᎵᏍᎨ.Ꭲ;
ᎠᏎᏃ ᎤᏔᏂᎴ.Ꭲ—
ᏥᏌ ᎤᏁᎴ ᎤᏩᏒ
ᎬᏩᏓᏁᏗ ᏥᎩ.

5 “ᏣᎬᏫᏳᎯ ᎯᏯᎾ
Ꭴ.ᎵᏐᎩ ᏣᏬᏓᎠ,
ᎢᏚᏚᏛ ᏥᎪᏩᏛ,”
ᎤᏛᏁᎢ ᏗᎨᏫ.

6 ᎿᏉ ᎩᎳᏉ ᎢᏴᏛ
ᎢᏚᏚᏛ ᎤᎪᎲ.Ꭲ,

7 ᏚᏛᎩᏱ ᎠᎩᏰᎸ.Ᏹ
ᏗᎨ.Ꮻ ᎠᎵᏢᎵᎬ.Ꭲ
“ᎢᏚᎵ.Ꭲ ᎤᏍᏆᏂᎪ.Ꮧ,
ᎾᏆᎵᏍᏓᏐ ᎠᏴ.

8 ᎠᎩᏍᏕᎵᏍᎩ ᏥᏩᏛ
ᏴᏫ ᏗᏚᏙᎵᎩ,
ᏗᏥᎨᏫ ᏂᏚᏗᏳ
ᎢᏤᎾ ᏧᏬᎸᎢ.”

HYMN 50. C. M

Lord, Remember me.

1 ᏥᏌ, ᎤᏂᏍᏚᏅᏨᎯ
ᏴᏫ ᏗᎨᏳᎯ,
ᏂᎯ ᏕᎬᏯᏚᏂᏱ;
ᎿᏉ ᏍᏆᏅᏓᏓ.

2 ᏱᏅᏓᏓ ᏣᏁᏨᎢ,
Ᏹ.ᏅᏓᏓ ᎧᎾᎴ,
Ᏹ.ᏅᏓᏓ ᏣᎵᏰᎳᏅ.Ꭲ,
ᎿᏉᏃ ᏍᏆ.ᏅᏓᏓ.

3 ᏕᎬᏯᏓᏂᎯᏎᏱ,
ᏥᏌ, ᏍᎩᏍᏕᎵᏍᎩ;
ᏚᎸᎳᏗ ᏗᏦᎸᎢ
ᎿᏉ ᎡᏍᏆ.ᏅᏓᏓ.

4 ᏥᏍᎦᎾᎯᏳ ᎨᏒᎢ
ᎣᏏ.Ᏻ ᏥᎦᏔᎲ;
ᎠᏎᏃ ᏩᎬᎾᏳᎯ,
ᏖᏉ ᏱᏆᏅᏓᏓ.

5 ᎤᎲ ᎾᏆ. ᎵᏍᏓᏁᎮᏍᏗ,
ᎠᎴᏯ ᎡᎶᎯ
ᏕᏴᎩᏑᎵᏗᏍᎨᏍᏗ,
ᏍᏆᏅᏓᏗᏍᎨᏍᏗ.

6 ᏖᏉᏃ ᎠᎩᏇᏓᏄ
ᏕᏙ.Ꭿ ᎦᏃᏴᏨ.Ꮂ,
ᏩᎬᎾᏳ.Ꭿ ᏍᎩᏍᏕᎵᏍᎩ
ᏖᏉ ᏍᏆ..ᏅᏓᏛᎲ.

HYMN 51. L. M.

Not ashamed of Jesus.

1 ᏥᏌ ᎠᏆᏁᎳᏅᎯ,
ᏥᎪ ᏓᎬᏯᏕᎰᏏ?
ᏨᏒᎯᏃ ᏍᎩᏍᏕᎵᏍᎩ,
ᎠᎴ ᏍᎩᏍᏆᏂᎪᏗᏍᎩ?

2 ᏥᏌ ᎠᏆᏁᎳᏅᎯ,
ᏥᎪ ᏓᎬᏯᏕᎰᏏ?
ᏨᏒᎯ ᎠᏆᏓᏅᏙ
ᎢᎦᎯᏳ ᎢᏍᏕᏁᎯ!

3 ᏥᏌ ᎠᏆᏁᎳᏅᎯ,
ᏥᎪ ᏓᎬᏯᏕᎰᏏ?
ᎬᏂᏛᏃ ᎠᎴ ᏦᏒ.Ꭲ
ᏍᎩᏩᏛᎡᎯ ᏥᏍᎦᎾ.Ꭲ?

4 ᏥᏌ ᎠᏆᏁᎳᏅᎯ,
Ꮭ ᏴᎦᎬᏯᏕᎰᎯ,
ᎤᏣᏘ ᏥᏍᎦᎾᎯᏳ
ᎠᎴ ᏥᏩᎾᎦᎵᏳ.

HYMN 52. 12, 9.

Birth of the Saviour.

1 ᎡᏘ ᏒᏃᏱ ᎠᎾ ᏓᏂᎦᏘᏴ.Ꭲ
ᎤᏌᏅᏛᎢ ᎠᏂᏁᎢ,
ᎾᏖ ᎤᎾᏄᎪᏤ ᎠᏥᏅᏏᏙ.Ꭿ,
ᎤᏣᏘ ᎢᎦ ᎤᏙᏤᎢ.

2 ᎤᏂᏍᎦᏄᏃ, ᎯᎠ ᏂᏚᏪᏎᎴ.Ꭲ,
"ᏞᏍᏗᏉ ᏱᏥᏍᎦᎢᎮᏍᏗ;
ᎤᎵᎮᎵᏍᏗᏰᏃ ᏥᏃᎮᎵᎦ
ᎾᏅᎾᏛ ᏧᎾᏛᎪᏗ.

3 ᎢᎲᏍᏕᏝᏍᎩᏰᏃ ᎤᎬᏫᏳᎯ,
ᎾᏍᎩ ᏤᎲᎦᏖᏃᏒᎩ,
ᎤᏁᎳᏅᎯ ᎤᏪᎲ ᎦᎶᏁᏛ,
ᎪᎯ ᎢᎦ ᎢᎶᏕᏁᎸ.

4 ᎢᏤᎾ ᏕᏫ ᎤᏤᏝ ᏗᎦᏚᏧ.Ꭲ,
ᎾᏏ ᎾᏓᏰᎲᎪᏳᏛ.Ꭿ
ᎦᎸᏉᏗᏳ ᎠᏥᏝ ᎦᏅᎨᏍᏗ
ᏊᏘᏝ ᎤᎾ.ᏝᏍᏏᏴᏗᏐ."

5 ᎩᏔᏉᏃ ᎢᏴᏛ ᎤᏂᎶᏖᎢ
ᏐᎨᏳ ᏧᏁᏤᏝᏓᏍᏗ
ᎤᏁᎳᏅᎯ ᏓᏂᏃᎩᏍᏗᏍᎨᎢ,
ᎬᏂᏳ ᎯᎠ ᎾᏂᏪᏍᎨ.Ꭲ.

6 "ᎤᎶᎳᏅ.Ꭿ ᎦᎸᏉᏗᏳ ᎨᏎᏍᏗ
ᎤᏁᎳᏅᎯ ᏂᎪᎯᎸ,
ᏴᏫᏃ ᏯᏍᏛ ᎨᎦᏓᏅᏖᏍᎨᏍᏗ,
ᎡᎶᎯᏃ ᏙᎯ.Ꮠ ᎨᏎᏍᏗ."

7 ᎾᏍᎩ ᏄᏂᏪᏎ ᎦᎸᎶ ᎠᏁᎯ,
ᎠᏴ ᎾᏍᏉ ᎾᏍᎩ ᏂᏗᏫ;
ᎤᎶᎳᏅᎯ ᎦᎸᏉᏗᏳ ᎨᏎᏍᏗ
ᎤᏁᎳᏅᎯ ᏂᎪᎯᎸ.

8 ᏴᏫᏃ ᏯᏍᏛ ᎨᎦᏓᏅᏖᏍᎨᏍᏗ,
ᎡᎶᎯᏃ ᏙᎯ ᎨᏎᏍᏗ;
ᎢᎩᏍᏕᏝᏍᎩᏰᏃ ᏏᏉ ᎤᏚᏅ,
ᎢᎦᏁᎳᏅᎯ ᎤᏪᎲ.

HYMN 53. 11s.

The same.

1 ᎢᏳᎾ ᎾᏕᏣᏲᎢ ᎦᏚᏏ
ᎦᏣᏁᏛ, ᎤᎬᎾᏨ.Ꮧ ᎤᏩᏥ,
ᎾᏍᎩ ᎠᏎ ᎢᎦ ᎢᏣᏕᏁᏗ;
ᎢᏓᏓᏙᎵᏍᏓ ᎾᏍᎩ ᏚᏩᏍᎬ.Ꭲ

2 ᏥᎷ ᏅᎩᏍᏕᎵᏍᎩ ᏗᎦᏤᎵᎦ,
ᎢᏨᏁᏔᏅᏗ ᏍᎩᏯᏙᎵᏨᎢ;
ᏔᏅ ᏰᎾ ᏂᎦᎵᏍᏓ ᏲᎰᏤᏩ;
ᎢᏓᏓᏙᎵᏍᏓ ᎾᏍᎩ ᏚᏩᏍᎬ.Ꭲ.

3 ᎠᏍᏓᏯ ᏗᏗᏃᎩ ᏚᏙᎥ.Ꭲ,
ᏒᏗᏁᏔᏕᏍᏗ ᎢᎩᏍᏕᎵᏍᎩ;
ᏤᏌᎾ ᏩᏍᏛᎢ ᎦᏁᏤᏗᏨ!
ᎢᏓᏓᏙᎵᏍᏓ ᎾᏍᎩ ᏚᏩᏍᎬ.Ꭲ

HYMN 54.

Death oj Christ.

1 ᏒᏥᎪᏒᏍᏗ ᎢᎩᏍᏕᎵᏍᎩ
ᎢᎦᏁᏔᏬᏗ?
ᎢᎩᏍᎱᏗᏎᏒ;
ᎢᎩᏙᎵᏍᏗᏲᏔ
ᎤᎩᎬ ᎢᎦᏧᏰᏗᏍᏥ.Ꭲ.

2 ᏥᏛ ᎦᏕ ᎤᎩᎵᏍᏨᏗ
ᏰᎩ ᏚᏂᏉᏖ,
ᏔᏅ ᎤᏍᎱᏎᎢ,
ᎠᏰ ᎢᎩᏍᏕᎵᏍᏥ,
ᏣᏍᏛ ᎢᎦᎵᏍᏓᏁᏗᏲ

3 ᏥᏌ ᏚᏙᎡ, ᎤᏯᎯᏍᏓᏁᎴ,
Ꭹ.Ꭼ ᎤᏤᏬᏤᎴ,
ᎠᏥᏰᏓᏍᎰᏉᏃ;
ᎧᏄ ᎤᏍᎪᏄᏤᎢ,
ᎤᏂᎴ, ᎦᏛ Ꭴ.ᏓᏍᏆᏕᎴ.Ꭲ.

4 ᎢᎦ ᎿᏉ Ꭴ.ᏓᏟᎩ Ꮔ.ᏓᏍᏔᏁ,
ᎦᏙ.Ꭿ Ꭴ.ᏓᎲᏄᏁ,
ᎾᎯᏳ ᏚᏲᏤᎢ
Ꮕ Ꮿ ᏧᏓᏂᎩᏛ
ᎢᎩᏍᏕᏓᏍᎩ ᎤᏲᎱᏒ.

5 ᎿᏉ Ꭴ.ᏓᏍᏆᏕ; ᎤᎫᏴᏔᏁ
ᎤᏩᏒ ᎤᎩᎬ,
ᎿᏉ ᎤᏂᏄᏁᎢ,
Ꮕ Ᏺ.Ꭿ ᎤᏂᏂᏌᏁ,
Ꮕ Ꮿ ᎤᏂᏝᏁ ᎦᎰᏛ.

6 ᎠᏎᏃ ᏥᏌ ᎢᎤᏗᏛᎮ,
Ꭴ.ᏓᏌᎳᏖᏁᏃ,
ᎤᏙᏖ ᏧᏬᏄᎢ
ᏫᎤᏮᏒ, ᎿᏉᏃ
ᎠᏖᏙᏓᏍᏗ ᎢᎩᏍᏕᏓ.Ꮽ.

7 ᏐᎩᏙᏓᎩ ᏐᎪᎯᏳ.Ꮽ
ᎠᎴ ᏰᏗᎰᏳ.Ꮽ;
ᏰᏖᏓᏍᎦᏍᏙᏗᏆᏽ
ᎡᏗᎪᏩᏛᏗᏉ
ᎰᏎᏍᏗ ᎦᏄᎳᏗ ᏦᏒ.

HYMN 55. L. M.

Christ's Death, Resurrection and Ascension.

1 ᎠᏲᎱᏍᎦ! ᎠᏂᏍᎦᎾ
ᏧᎨᏳᎯ ᎠᏲᎱᏍᎦ!
ᏕᏍᏩ ᎠᏓᏏᏩᏍᎦ!
ᎡᏩᎯ Ꭰ.ᏓᏑᏍᏩᏍᎦ!

2 ᎡᎮᎾ ᎢᏦᎯᏳᎤ.Ꭿ
ᎾᏍᎩ ᎡᏥᏍᎪᎯᏢᏍᏗ,
ᏂᎯ ᎢᏥᎩᏓᏲᎸ.Ꮽ;
ᏂᎯ ᎢᏥᏲᎱᎯᏎ.Ꮽ.

3 ᎤᏩᏘ ᎤᏍᏆᏂᎪᏗ!
ᎤᎬᏫᏳ.Ꭿ ᎠᏲᎱᏍᎦ!
ᏴᏫ ᎤᏂᏍᎦᎤᏨᎢ
ᎤᎩᎬ ᎤᎸᏬᎸᏉ!

4 ᎠᏎᏃ ᎤᏓᏢᏓᏍᏗ.Ᏻ
ᏥᏌ ᎢᏗᎪᏩᏘᏉ!
ᎤᏲᎱᏒ Ꭿ ᏥᎨᏒᎩ
ᎬᏂᏳᏌ ᏓᏟᏩᏍᎦ!

5 ᏥᏌ ᎤᏙᏓ ᏧᏬᏑ
ᎢᏗᏢ ᏫᏚᎠᏟᏓ!
ᎾᏥ ᏧᏁᎸᏓᏓᏍᏗ
ᏦᏍᏛ ᎬᏩᏓᏂᏑᎦ!

6 Ꭷ ᏥᏌ ᎢᏥᏲᎯᏍᏓ
ᏕᏥᎦᏰᏬᎢᏳᎢ;
ᏥᏌ ᎡᏣᏚᎡᏚᎩ
ᎢᏳ.ᏚᏰᏔᏓᏁᏙᎯ

HYMN 56. C M.

"Alas! and did- -"

Ꭰ.ᎩᏍᏕᏓᏍᎩ ᏥᎯᎢ- Ꭲ
Ꭹ.Ꭼ ᎤᎸᏬᎸᏣ,
ᏥᏍᎦᎤ ᎠᏗᏜᏍᏛᎨᎢ
Ꮕ.ᏓᏍᏆᏕᏣᎢ.

2 ᏥᏍᎦᎾᎯᏳ ᎨᎡᎢ
ᎨᏰ ᎠᎦᏰᏁ.Ꭲ,
ᏑᏯᏓ Ꮡ.ᏓᏍᏓᏁᏣᎢ,
ᎠᎩᏍᏕᏓᏍᎨᎢ.

3 ᎧᏑᎢ ᎤᏍᎪᏑᎸᎢ
ᏥᏌ Ꮕ.ᏓᏍᏆᏕᏑ
ᏴᏫ ᎤᏂᏍᎦᎤᏨᎯ
ᏕᎠᏗᏜᏍᏛᎨᎢ.

4 ᏥᏌ ᎦᏙᎤᏑᏍᎬᎢ
ᎦᏰ ᏥᎯᎪᏩᏛ,
ᏗᏥᎦᏙᎵᏓ ᎤᏩᏙ
ᎠᏕ ᏕᎡᎭᎢ.

5 ᎨᎢᎢ ᏕᎬᏲᎯᏏ
ᏍᎩᏲᎱᎯᏎᏑ.Ꭿ,
ᎾᏍᎩᏌ ᎤᏩᎡᎯᏳ
ᎢᎬᏆᏰᏁᏗ.

HYMN 57. 7, 6.

Love to Jesus.

1 ᎤᏣᏘ ᏥᎨᏳᎠ
ᏥᏌ ᏚᏣᏁᏛ;
ᎾᏍᎩ ᎠᎩᏍᏕᎵᏍᎩ
ᎠᏆᎫᏴᏛᏃ.
ᎾᏍᎩ ᏥᏄᏪᏕᏍᏗ
ᏂᎪᎯᎸ ᎨᎥ.Ꭲ,
ᏌᏊ ᏥᏃᎮᏍᎨᏍᏗ
ᎤᏓᏙᎵᏣᏛ.Ꭲ.

2 ᎠᎩᏍᏕᎵᏍᎩ ᏥᏌ
ᏚᏄᎳᏗ ᏦᏒ
ᏅᏧᏓᏊᏅᎲᎾ
ᏚᏄᏪᏗ ᎡᎮ.Ꭲ;
ᎾᏖ ᎠᏁ.Ꮿ ᏂᏚᎸ
ᎾᏍᎩ ᏚᎳᏍᎬᎢ
ᎱᎬᏑᏢ ᎡᎳᏗ
ᎬᏩᏓᏅᏁᎮ.Ꭲ

3 ᎠᏎᏃ ᏅᏣᎳᏅ Ꮿ
ᎤᏍᏆᏂᎪᏗᏳ
ᎤᏓᏙᎵᏣᏛᎢ
ᏥᏥᎪᏩᏘᎭ!
ᏚᏄᏪᏗ ᎨᏒᎢ
ᏓᏪ ᎤᏩᏚᏨ;
ᏧᎨᏩᏃ ᎤᏬᏥ
ᏴᏫ ᏂᏚᎵᏍᏓ!

4 ᏴᏫ ᎠᏁᏙᎲᎢ
ᎡᎳᏗ ᎡᏙᎭ,
ᏧᏏ ᏂᏓᏛᏁᎭ
ᏴᏫ ᏂᎪᎯᎸ.
ᎬᏩᏂᏆᏘᎲᎢ
Ꮭ ᏱᏚᏌᏱᏍᏗ.Ꭽ,
ᏧᏏ ᏂᏓᏛᏁᎭ
ᎾᏋᎵᎪᎬᎾ.

5 ᎤᏍᏆᏂᎪᏗᏳᏃ
ᎠᏏ ᏥᎪᏩᏘ.Ꭽ;
ᎠᎩᏍᏕᎵᏍᎩᏱᏃ
ᏓᏪ ᎠᏥᎱᏍᏕ.
ᏧᏍᏛ ᎢᏧᏛᏁᏄ.Ꮿ
ᏴᏫ ᎬᏩᏯᎭ;
ᎾᏍᎩᏃ ᎬᏩᏯᏯ
ᏓᏥᎱᏯᏎᎭ.

6 ᏥᏌ ᎠᎩᏍᏕᎵᏍᎩ
ᏂᏯ ᎬᎨᏳᎠ,
ᏂᎪᎯᎸ ᎨᎥᎢ
ᎬᏄᏪᏗᏍᎨᏍᏗ
ᏴᏫ ᏗᏙᎵᏨᏯ,
ᏴᏫ ᏗᏍᏕᎵᏍᎩ,
ᎨᏣᏄᏪᏗᏍᎨᏍᏗ
ᏴᏫ ᎾᏂᎥᎢ.

HYMN 58. C. M.

The same.

1 ᎤᏣᏔᏅᎯ ᏥᎨᏳ.Ꭲ
ᎲᏌ ᎦᏣᏁᏛ,
ᎤᏣᏘ ᎤᎩᏓᏒᏙ
ᎠᎩᏍᏕᏓᏍᎨᎢ.

2 ᎤᎩᎬ ᎦᎸᏉᏗᏳ
ᎤᏙᏬᏙᏞᎢ,
.Ꮧ ᏓᏰᎢ-ᎸᏍᏗᏍᏗᏍᎨᎢ
ᎠᎩᏍᎦᏅᏨᎢ.

3 ᎿᏉ ᎠᏴ ᏍᏆᎫᏴᏛ
ᎲᏌ ᎦᏣᏁᏛ,
Ꮪ ᎬᏒᎯᏏ ᎨᎥᎢ,
ᏣᏙᏓ ᎨᏎᏍᏗ.

4 ᏣᏙᏓᎪᎯ ᏗᎨᏒ
ᎠᏎ ᏱᏥᎷᏨ.Ꮻ,
ᎾᎿᏃ ᏂᎪᎯᎸᎢ
ᎬᎸᏉᏗᏍᎨᏍᏗ.

HYMN 59. C. P. M

Sacramental—"'Twas on that dark—"

1 ᎾᏍᎩ ᎢᏳᎢ ᎡᏃᎯ,
ᏨᏍᎩᏃ ᎠᏁ.Ꭿ ᎡᏣᎯ.Ꮓ
ᎲᏚᎾᎴᏁᎢ;
ᎦᎸᎳᏗ Ꭱ.Ꭿ ᎤᏪᏥ,
ᎤᏙᏓᎦᏯ ᎤᏪᏥ,
ᏣᏂᏂᏆᎯᏈ.Ꭲ;

2 ᎾᏍᏉ ᏧᏓᎢ ᎨᏒᎢ
ᎿᏉ ᏥᎬᏩᏂᏗᏍᎨ;
ᎦᏚ ᎤᎩᏎᎢ,
ᎿᏉᏃ ᎤᎬᏫᎷᏰ.Ꭲ;
ᎿᏉᏃ ᎤᏓᎵᏓᏨ
ᎯᎠ ᏄᏪᏎᎢ.

3 "ᎯᎠ ᎠᏴ ᎠᎩᏱᏯ
ᎢᏣᏓᎬᏫᎷᏰᎸ;
ᎢᏥᎩ;—ᎢᏥᎦ;
ᎠᏓᏍᏓᏴᏗ ᎬᏂᏛ."
ᎠᎴ ᎿᏉ ᎠᏗᏔᏍᏗ
ᎢᎤᏁᎩᏎᎢ.

4 "ᎯᎠ ᎠᏴ ᎠᎩᎩᎬ
ᎤᏙᏬᏨ ᎢᏣᏅᏬ;
ᎢᏣᏗᏔᏍᎨᏍᏗ.
ᎾᏍᎩ ᏂᏣᏛᏁᎵᏍᏗ
ᏂᎪᎯᎸ ᎡᏣ.Ꭿ ᎨᏒ."
ᏕᎤᏬᏎᎴᎢ.

5 "ᎠᎴ ᎢᏣ.ᏅᏓᏗᏍᎨᏍᏗ
ᎢᏨᏒᎤᎯᏎᎸᎢ,
ᏂᎯ ᎢᏨᏍᏕᏓᏍᎩ;
ᎠᏆᏙᏓ ᎦᏍᎩᎸᎢ

ᏕᏣᏓᎪᏩᏛᏍᎨᏍᏗ,
ᏍᎩᏃᎮᏍᎨᏍᏗᏃ”

6 ᎠᎵᏍᏓᏴᏗ ᏣᏤᎵ
ᎯᎠ ᏙᏣᏕᎾᏍᏗᏅ,
ᏥᏌ ᏕᏣᏁᎸ;
ᏣᏲᎱᏒ ᎬᏂᎨᏒ,
ᏃᏨᏁ; ᏕᏣᏙᎥᏃ
ᏙᏥᏃᎩᏍᏗᏅ.

ᎾᏍᎩ ᎢᏓᏕᎩᏍᎨᏍᏗ
ᎢᏓ.ᎤᏓᏗᏍᎨᏍᏗ

5 ᎬᏂ ᎠᏂ ᎤᏲᎱᏒ.Ꮖ
ᏕᎾᏄᎪᏥᏄ.Ꮕ—
ᎩᎳ ᏦᏒ ᏂᎪᎯᏄ
ᏕᏓᏓᏂᏄᏪ.Ꮕ.

HYMN 60. C. M.

The same.

1 ᏥᏌ ᏅᏏ ᎠᏕᏩᏅ
ᎢᏕᏛᎾᏌᎸ.Ꭲ,
ᎠᏛ ᎢᎬᎨᎾᏌᎸ
ᎤᏬᏍ ᎤᏍᎸ.Ꭲ.

2 ᏧᎾᎵᏍᏕᏄᏙᏗᏃ
ᏗᏕᏓᏬᏙᎩ,
ᎠᎵᏍᏓᏴᏗ ᎤᏤᎵ
ᎢᏕ.ᎵᏍᎪᏄᏓᏁ.Ꮕ.

3 ᏥᏌ ᏦᏒ ᎢᎬᏱᏢ
ᎢᎩᏍᎩᏩᏕᏄ;
ᏦᏒ ᎤᏩᏒ ᎤᏫᏰ
ᎯᎠ ᎢᎨᏩᏍᏗ.Ꮕ.

4 ᎩᎬ ᎤᏩᏒ ᎤᏤᎵ
ᏥᏕᎩᎱᎥᏍᏕ,—

HYMN 61. L. M.

The same.

1 ᎤᏣᏘ ᎢᎩᎨᏩᏄ
ᏕᏄᏩᏗ Ꭱ.Ꭿ ᎤᏬᏥ,
ᏄᏰᏢ ᏂᏕᎸᏅᎢ
ᏕᏄᏩᏗ ᏧᎸᏕᏁ.Ꭲ.

2 ᎠᏴ ᎢᎩᏙᎵᎬᎢ
ᎡᏩᏗ ᎤᎷᏥᏛᎢ;
ᏕᎨᎸ ᎢᎩᏍᏕᏅᏨ
ᎤᏓᏄᏴᏫᏂᏛᎢ.

3 ᏑᎵᏙᎯᏍᎸ ᎢᏴᎸ
ᏥᏌ ᏕᏕᏘᏁᎨᎢ,
ᏥᏂᏕᎡ ᎠᎩᎵᏬ
ᎠᏰᏄ ᏑᏩᏘᏍᎨᎢ

4 ᏦᏒ ᏕᏄᏳ ᏑᏳᏒ,
ᏕᏰᏗᎪᏩᎸᏗᏃ
ᏰᎵ ᏂᎨᏒᎾ ᎡᏳ.Ꭿ,
ᎤᏙᏙᏊ Ꮡ.ᎵᏙᎯᏍᏗ

5 ᎠᏎᏃ ᎢᎩᏂᏨᏒ
Ꮭ ᎡᏍᎦ ᏧᏄᏢᏍᏔᏅ,
ᎠᏏ ᎤᏅᏔ ᏫᎾᏞ,
ᎠᏴᏃ ᏥᎬᏂᎾᏏ.

6 ᏖᏛ ᎾᏗᎬᎾᏬᎯ
ᏂᎦᏛ ᏗᎦᏙᎥ,
ᏭᎠ ᏥᏌ ᎤᏲᎱᏒ.Ꭲ
ᎬᏂᎨᏒ ᏥᏂᏛᏁ.Ꮽ.

HYMN 62. 8, 7.

Baptism—self-deaication.

1 ᏅᏥᏩ ᏩᏁᏔᎤᎯ,
ᏕᎬᏍᏏᏂᎯᏏ,
ᏝᏍ ᎠᏴ ᏥᎪᎯᏄ
ᏍᏆᏙᏏᎦ ᏥᏎᏍᏗ.

2 ᎯᎦᏰᏞᏥ.Ꭲ, Ꮽ:ᎤᏓᏓ
ᏤᏥ ᎤᏱᏞᏂᏨ.Ꭲ,
ᎾᏛᎩᏃ ᎠᎩᏍᎦᎤᏨ
ᏂᎦᏛ ᏛᎩᎩᏙᏞᎩ.

3 ᏩᏏᏙᏞᏩᏗ ᏥᏌ
ᏍᎩᏂᎱᎯᏎᏄᎯ,
ᏩᎩᎬ ᏍᎩᎤᎦᏄᏏ,
ᏅᏁᎩᏳ ᏂᏍᏋᎦ.

4 ᎡᏩᏄᏍᏗ ᎠᏏ.ᎤᏙ
ᎠᏂ ᎯᎦᏔᎮᏍᏗ:
ᎠᎩᎾᏫ ᏧᏬᏛ ᎤᎦ,
ᎾᏖᏃ ᏭᏁᏔᏏ.

HYMN 63. C. M.

Self-consecration.

1 ᎦᏄᏔᏗ ᎮᎯ, ᏥᎯ
ᎠᏴ ᏍᏆᏁᏔᎤ.Ꭿ,
ᎠᎴ ᏍᎩᏍᏆᏥᎪᏗᏍᎩ
ᎠᎴ ᏍᎩᏍᏕᎸᏍᎩ.

2 ᎩᎬ ᏍᏆᏗᏰᏔᎤᎯ;
ᏩᏤᎸ ᎬᎤᎢ;
ᏥᎦᏄ.Ꭲ ᏕᎬᏂᎯᏏ,
ᎠᎴ ᎠᏆᏏ.ᎤᏙ.

HYMN 64. C. M.

Dedication of children

1 ᏥᏌ ᎡᏩᎯ ᏤᎮᎢ
ᏚᎾᏡᏃᎮᎴ
ᏧᏁᏥ, ᏅᎾᏚᏞᏍᏥ
ᏧᏏᏔᏗᏍᏗᏱ.

2 ᎢᎦᏛᏃ ᏚᏂᎪᏢ
ᏚᏂᎤᏍᏕᎸ.Ꭲ;
ᎠᏎᏃ ᏥᏌ ᏅᏁᏨ
ᎯᎠ ᏄᏪᏎᎢ.

3 ᏓᏍᏗ ᏗᏥᎤᏍᏕᏄ
ᏕᎩᎷᏤᏗᏱ,

ᎾᏍᎩᏰᏃ ᎢᏳᎾᏍᏗ
ᏦᏒ ᏩᏁᏈᏍᏗ.

4 ᎾᏉ ᏥᏌ ᏣᎬᏫᏳ Ꭿ,
ᎧᎩᏍᎦᎸ ᏦᎨᏥ
ᏦᏤᏲᏗ, ᎨᏣᎨᏳ
ᎢᏳᎾᎵᏍᏙᏗ Ᏹ.

5 ᎨᏣᏓᏙᎵᏍᏓᏏᏃ
ᎦᎯᏙᎵᎨᏍᏗ,
ᏓᏍᏗ ᎠᏍᎩᎾ ᏧᏤᎵ
ᏱᎸᎾ.ᎵᏍᏔᏁᏗ.

6 ᎠᏴ ᏧᏣᎵᏈᎵᏕ
ᎧᎩᏊᏤᎵ ᏥᎩ,
ᎠᎴ ᎾᏍᏉ ᏗᏣᏤᎵ
ᎨᏎᏍᏗ ᏦᎨᏥ.

HYMN 65. C. P. M

Dedication of a house of worship.

1 ᎡᏣᎸᏉᏗ ᏱᎰᏩ,
ᏕᎸᏔᏗ Ꮳ.ᎵᏙᎯᏍᏗ,
ᏫᎾᏍᏛᎾ ᏈᏅ;
ᎥᏝ ᎤᏁᎩᏳ ᏱᎩ
ᏗᏣᎧᎾᏂᏓᏍᏗᏱ
ᏕᎸᏣ ᏣᏤᎵ.

2 ᏂᏕ ᏂᏣᎾᏰᎯᏍᏗ,
ᏓᏍᎩᏊᏓᏑᏴᏂᏍᎪ,
ᏧᏤᏭ ᏧᎩᏲ?
ᏥᎪ ᏥᏌ ᎦᎤᏙᏍᏛ
ᏓᏍᎩᏊᏓᏂᎸᏤᎵ
ᎦᏨᏲᎯᏎᏭ.Ꭲ?

3 ᎯᎠᏲ ᎠᏓᏁᎸᎢ
ᎢᏨᏊᎵᏍᎪᎸᏓᏏ,
ᏱᎰᏩ, ᏍᎩᏙᏓ;
ᏣᏤᎵ ᏫᏂᏕᎵᏍᏓ,
ᎠᎴᏬ ᏂᎪᎯᎸᎢ
ᏣᏴᏍᏗ ᎨᏎᏍᏗ.

4 ᎠᏂ ᏫᏕᎾᎸᎪᎩ
ᏕᎸᏉᏗ ᎦᏣᏙᎥ,
ᏕᎸᏔᏗ ᏈᎯ;
ᎯᎠ ᏣᏤᎵ Ꮥ.ᎵᏦᎦ
ᏣᏚᎵᏍᎬ ᏫᏂᏕ.ᎵᏍᏓ,
ᏁᏉ ᏙᎩᏲᎯ.

5 ᎠᏂ ᎡᏣᏛᎩᏍᎨᏍᏗ
ᎠᎴᏬ ᏗᎧᏃᎩᏛ
Ꮣ.ᎵᏌᏔᏗᏍᎨᏍᏗ
ᏧᏣᏓᏙᎵᏍᏗᏍᎨᏍᏗ,
ᏕᎸᏔᏗ ᏗᏤᎤᏒ
ᏔᏛᎩᏍᎨᏍᏗᏉ.

6 ᎠᏂ ᎡᏍᏕ ᎨᏣᏰᎸ
ᏚᏂᏲᏍᎨᏍᏗ ᎤᏲᎢ,
Ꭰ.ᎾᏛᏂᏗᏍᎨᏍᏗ
ᎠᏂ ᏗᏣᏤᎵ ᏴᏫ
ᎨᏣᎵᏈᎵᏤᏈᏍᏗ
ᏁᏉ ᏂᎪᎯᎸ.

HYMN 66. L. M.

Monthly Concert.

1 ᏕᏄᎳᏗ ᎮᎯ, ᏂᎯ
ᏥᏕᎥ ᏣᎴᏂᎩᏗ:Ᏻ,
ᏥᏕᏛᏃ ᏣᎦᎴᏍᎬ
ᎼᎵ ᎢᎨᏣᏛᏁᏗ.

2 ᎿᏉ ᏇᏥ ᏕᏣᏁᏛ
ᎤᎬᏫᏳᎯ ᏂᏴᏕ,
ᎨᏯᎯᏳᏜᏍᎨᏍᏗᏃ
ᏂᎬᎾᏛᎢ ᎡᎶᎯ.

HYMN 67. L. M.

Monthly Concert.

1 ᏣᎬᏫᏳ:Ꭿ ᏣᏁᎳᏅᎯ
ᎠᏂ ᏚᏨᎳᏫᏦᏕ,
ᎤᏂᏍᏛᏉ ᏃᏕᏛᏅ
ᏛᎩᏍᏙᎴᎩᏉ ᎠᏴ.

2 ᎠᏍ ᏧᎾᏚᏍᏅᏛ
ᏴᏫ ᎦᏂᎦᎿᎥᎢ
ᏗᏙᎴᎩ, ᏧᎩᏙᏚ,
ᎤᎴᏏᎬᏉ ᎠᏂᏅ.

3 ᏣᎬᏫᏳᎯ ᎨᏎᏍᏗ
ᏂᎬᎾᏛᎢ ᎡᎶᎯ,
ᎠᏍ ᏥᏕᏗᏳ ᏴᏫ
ᏗᎶᏇᎴᏕ ᎨᏎᏍᏗ.

HYMN 68. 7, 6.

Monthly Concert.

1 ᏴᏫ ᎦᏂᎦᎿᎥ
ᎠᏂ ᎡᎳᏂᎬ
ᎠᏏ ᎤᏂᏣᎳᏅ:Ꭿ
Ꭴ:ᎴᏏᎬ ᎠᏂᏅ;
ᎾᏂᏭᎴᎪᎬᎾ
ᎨᎩᎳᏂᏎᏭ
ᎠᏴ ᎨᏗᏍᏚᏄᏗ
ᎤᏂ ᏄᎾᏛᏅ:Ꭲ.

2 ᎤᏅᏒ ᏧᏃᎵᏅ:Ꭿ
ᏧᎾᏁᎳᏅᎯ
ᏚᎾᏚᏙᎴᏍᏚᏁ
ᏥᎦᎩᏨᏂᏒ;
ᎿᏉ ᎤᏍᏃᏅᎯ
ᏗᏗᏍᏚᏄ ᎾᏍᏌ
Ꭷ ᏗᏗᏍᏚᏄ ᎿᏉ
ᎤᎾᏍᎾᏄᎯ.

3 ᎢᏕᏛᏕᏅᎯᏃ
ᎰᎩ ᎧᏃᎮᏛ,
ᎡᏙᎢᏳᏅᎯᏃ
ᎰᎩ ᏕᏣᏁᏛ,
ᎰᎪ ᎤᎾᏁᎳᎩ
ᏚᏂᏃᎨᎨᏍᏗ
ᎤᎴᏏᎬ ᎶᏂᎾ
ᎤᏂᏣᏘ ᏴᏫ.

4 Ꭷ, ᏗᏗᏍᎦᏑᎲᎪ
Ꮼ:ᎱᏏᎬ ᎶᏂᎾ;
ᏗᏓᎱᏥᏙᏊᏏ
ᏥᏌ ᎦᎶᏁᏛ;
Ꮧ.ᏗᏃᏊᏏ ᎿᏉ
ᎾᏛᎩ ᏗᏛᏕᎱᏛᎩ
ᎨᏒ ᏄᎾᏓᏅᏒ
ᏴᏫ ᎠᏁᏊᎢ

5 ᏓᎩᏳ ᎣᏃᏢᏛ
ᏅᎨᎶᏛᏚᏏ
ᏂᎨᎶᏚᏔᏊᎾ,
ᏛᎩᏰᏁᏔᎤᎯ;
ᏓᎩᏳ ᏥᏌ ᎡᏊ:Ꭲ
ᏣᎾᏛᏚᏃᎾ,
ᎠᎴ ᏣᎬᏫᏳᎯ
ᏓᎩ ᏫᏂᏚ:ᎱᏛᏓ.

HYMN 69. L. M.

Monthly Concert.

1 ᏴᏫ ᏧᎾᏓᏅᏛ
ᏂᏚᏛ ᏔᏁᏔᎤᎯ,
ᏘᏙᎱᎩ ᎤᏂᏣᏘ
ᏥᏌ ᏫᏂᏚᏔᏊᎾ.

2 ᏛᎩᏛᏕᎱᏛᎩ, ᏂᏚᏗᏳ
ᏴᏫ ᏘᎲᎱᎯᏎᏉ:Ꭿ,
ᎿᏉ ᎡᏩ:Ꭿ ᏂᎬᎾᏛ
ᏂᎯ ᏫᎨᎶᏛᎬᏚ.

3 ᏘᎤᎱ ᏘᎤᏏᏓᏛᎢ
ᏣᎲᎱᏒ ᎡᏔᏂᎬ
ᏬᏂᏃᏢᎱᏓᏛᏗᎬ;
ᏂᏚᏛ ᏩᎾᏛᎬᏚ.

4 ᎾᎲᎯᏛᏗᏛᎬᎾᏚᏃ
ᎦᏙᎯ ᏓᏂᏃᏴᏚ,
ᎠᎴ ᏧᎾᏓᎤᏙᎩ
ᎠᎨᏉ:Ꮬ ᏕᏚᏃᏴᏚ.

5 ᏥᏌ ᏣᏓᏙᎱᏣᏘ,
ᏴᏫ ᏧᎾᏓᏅᏛ
ᏘᎨᏳᎯ, ᏘᏛᏕᎱᏛᎩ,
ᎿᏉ ᎢᏚ ᏔᏘᏛᏓᏏ.

HYMN 70. C. M

Morning Hymn.

1 ᏬᏓᏩᏗᏛᎬ ᏒᏃᏜ
ᎿᏉ ᎠᏓᎤᎾ,
ᏕᏗᏫᎤ ᎿᏉ ᎢᏚ
ᏕᏚᏉᏌᏓᏓ.

2 ᎦᎨᏗ ᎢᏚᏓᎤᏛ
ᏕᏚᏂᏢᎤᎩ,
ᎢᎩᏰᏬᏈᎱᏌᏛ
ᎢᏓᏗᏓᎾᎩ.

3 ᏅᏏᏳ ᎢᎩᏚᏘᏓ
ᎢᏚᏁᏔᎤᎯ.

ᎠᎴ ᏅᏩᏙᎯᏯᏛ
ᎢᏗᎵᎾᎥᎩ.

4 ᏂᎦᏓᏍᎬᎾ ᏥᏉᎢ,
ᏕᎩᎣᏃᎢᏄ,
ᏏᎲᏅᎾ ᎢᎦᎦᏛ,
ᎢᎩᏍᏆᏂᎪᏙ:Ꭲ.

5 ᏁᏄ ᎥᎩᎩᏣᏜᎦ,
ᎡᏏᎵᎡᎵᏥ
ᏗᎩᎣᏁᏣᏗᏙᎯ
ᏂᎪᎯᏓ ᎠᏁ.

6 ᏂᏚᎩᏣᏁᏒᏄᏃ
ᎦᏓᏔᏗ ᎽᎯ
ᏍᏃ ᏕᏗᏃᎩᏍᏥᏍᏗ,
ᏦᏒ ᎣᎦᎷᎩ.

HYMN 71. C. M.

Morning Hymn.

1 ᏲᏥᏣ, ᏣᎬᎾᏨᎯ,
ᎪᎯ ᏑᎾᎴᎢ
ᏂᎯ ᏕᎬᏃᎩᏍᏗᏬ
ᏍᎩᏍᏆᏂᎪᏗᏍᎩ.

2 ᏂᎯ ᏍᎩᏍᏆᏂᎪᏔᏅ
ᏒᏃᏱ ᏥᎵᏜ:Ꭲ;
ᎨᏍᏏᏙᎵᏍᏏᏁᏬ
ᎪᎯ ᏑᎾᎴᎢ

3 ᎦᏓᏔᏗ ᏗᏦᏓᎢ
ᎾᏗᎦᎦᏁᏬ,
ᏍᎢ.ᏛᎬᎦ ᏗᏤᏅᏒ:Ꭲ,
ᏲᏍᏛᏃ ᏁᏍᏋᎦ.

4 ᏥᎥᎢ ᏱᎬᏲᎯᏏ,
ᏣᏤᎵ ᏥᏎᏍᏗ;
ᎡᏣᎯ ᏥᏣᏰᏅᏬ
ᏗᏍᎩᏍᏅᏓᏄ.

HYMN 72. 7s

Morning Hymn.

1 ᎤᏏᏩᏗᏍᎬ ᏁᏄ
ᎬᏂᏳ ᎠᏏᏅᎾ,
ᏕᏗᎣᏅᏃ ᎢᎦ
ᏕᎦᏓᏌᏏᏗᎦ.

2 ᏍᎩᏍᏁᏔᏅ:Ꭿ ᏂᎯ
ᏍᎩᏲᏍᏙᏏᏁᏢᏍᏗ
ᎠᏍᎦᎾ ᏓᏏᎴᏒ,
ᎪᎯ ᎢᎦ ᏥᏒᎢ.

3 ᏦᎦᏏᏅᏙᎩᎯ
ᎾᎦᎷᎩ ᏣᏏ:ᏅᏙ,
ᎤᏲᏃ ᏚᏅᎦᏓ:Ꭲ.
ᏂᎦᏛ ᏗᏅᎦᏓ.

4 ᏍᎩᏍᏕᏓ, ᏲᎩᏙᏏ,
ᏣᏚᎵᏍᎬ ᏂᎦ:

ᏦᎩᏄᎾᏍᏓᏁᏗ:Ꮜ
ᎪᎯ, ᎠᎣ ᎾᏆᏎ.

5 ᏧᏤᏙᏞᏙᏜᏃ,
ᎾᏍᏆᎣ ᏂᎪᎯᏄ,
ᏫᎩᏲᏍᏙᏓᏁᎵᏍᏗ
ᎠᏍᏕᏅᎢᏍᏗ ᎨᏒ

6 Ꮟ:ᏞᏍᏆᏛᏃ ᏙᏨᏅ
ᏣᏉ ᏗᏍᎩᏯᏅᏜ ᎣᏉ
Ꮼ ᏲᏅᏗᎨᏒᎾ
ᏚᏄᎶ ᏗᏤᏅᏒ.

HYMN 73. 8, 3, 3, 6.
Morning Hymn.

1 ᏣᏉ ᏰᎾᎣ ᏂᏕ:ᏞᏍᏗ,
ᎠᏴᏃ
ᏛᎨᏩ
ᎬᏯᏞᏒᏞᎨ

2 ᏂᎪᎯᏋᏃ ᏂᎪᎯᏄ
ᏒᏃᏘ
ᏥᏞᏜ:Ꭲ
ᏫᎩᏍᏆᏂᎪᎹᎩ

3 ᏣᏉᏃ ᏍᏆᏁᏂᏎᏍᏗ
ᏣᏤᏞ
ᏅᏃᎯ
ᏁᎯ ᎢᏕ ᏥᎩ

4 ᏂᎪᎯᏄ ᏍᏆᏤᏞᏫ
ᎨᏎᏍᏗ
ᎡᎶᎯ
ᏚᎣᏂᏙᏜᎢ.

5 ᎬᏅᏃ ᏚᎶᏎᏅᏫ
ᏣᏤᏞ
ᏗᎨᏒ
ᎬᏄᏣᏔᏅᏫ.

HYMN 74. 8, 3, 3, 6
Evening Hymn.

1 ᏣᏉ ᏒᏃᏘ ᏂᏕ:ᏞᏍᏗ,
ᎠᏴᏃ
ᏛᎨᏩ
ᎬᏯᏞᏒᏞᎨ.

2 ᏂᎪᎯᏋᏃ ᎢᏕ
ᎨᏒᎢ
ᏧᏏᏳ
ᏫᎩᏍᏆᏂᎪᎹᎩ.

3 ᏣᏉᏃ ᏩᏞᏘᏩᏎ
ᏒᏃᏘ
ᏥᏞᏜ:Ꭲ
ᏫᎩᏍᏆᏂᎪᏰᏍᏗ.

4 ᏂᎪᎯᏄ ᏍᏆᏤᏞᏫ
ᎨᏎᏍᏗ

ᎡᏳᎯ
ᏧᎣᏂᏙᎲᎢ.

5 ᎬᏅᏃ ᎦᏳᏠᏅᏉ
ᏳᏤᎵ
ᏗᎨᏒ
ᎬᎸᏌᏔᏅᏉ.

HYMN 75. C. M.

Evening Hymn.

1 ᏛᎨᏩ, ᏔᏍᎦᏅᏉ
ᏚᏏᏙᎵᏍᏗᏍᎬᎢ;
ᏂᎪᎯᎸᏰᏃ ᏥᏌ
ᏳᏤᎵ ᎨᎥᎢ.

2 ᎠᎴᏫ ᎤᏙᏏᏆᏍ
ᎬᎾᏰᏍᎪ ᏂᎯ,
ᎠᎴ ᎬᎩᏍᎦᏅᎢᏍᏗ
Ꮭ ᏰᎵ ᏛᎨᏠᎢ.

3 ᏚᏳᏭᏠᎸᏍᏔᏅᏃ,
ᎠᎴ ᏏᎩᎰᏒᏉ
ᏓᎩᎸᎾᏍᏏᏁᎲᎢ,
ᏒᏃᏱ ᎨᏎᏍᏗ.

4 ᏍᎩᏍᏆᏂᎪᏗᏍᎩ ᏂᎯ
ᏂᏏᏙᏏᏑᏒ,
ᏨᏒ ᎬᏭᏏᏅᏖᏍᎨᏍᏗ
ᏒᏃᏱ ᏥᏅᎬᎢ.

5 ᎾᏍᎩ ᎸᏍᏕᏍᏗ ᏥᏆᏗ
ᎠᏆᏓᏅᏙᎩ,
ᏓᎾᎴᏃ ᏥᏰᏨᏉ
ᎬᎸᏌᏔᏅᏉ.

HYMN 76. S. M.

Evening Hymn

1 ᎢᎦ ᎦᏳᏠᎾ,
ᏒᏃᏱ ᎤᏏᏩᏯ,
ᎢᏏᏏᏅᏖᏍᎨᏍᏗᏌ
ᏓᎦ ᎢᏕᎲᎢ.

2 ᎤᎵᏍᏆᎸᏗ ᏒᏃᏱ
Ꮭ ᏴᏏᎪᎯᏥ,
ᏥᏌᏃ ᏍᏗᎵᏅᏥ
ᏚᏙᎯ ᎤᏴᏢᎢ.

3 ᏫᎩᏭᏁᏔᏅᎯ,
ᏚᎸᏔᏗ ᏢᎯ,
ᎠᏴ ᏍᎩᏭᏍᎩᏍᎨᏍᏗ
ᏧᏳᏏᏙᎵᏍᏏ.

4 ᏫᎩᏭᏙᎵᎩᏌ
ᏧᎩᏍᎦᏅᏨᎢ;
ᏒᏃᏱ ᏧᏥᎵᏅᏨᏉ
ᏫᎩᏍᏆᏂᎪᏕᏍᏗ

5 ᎠᎴ ᏥᏌ ᎠᏎ
ᏛᏧᎩᎵᏅᏨ,

ᎠᏎ ᏗᏍᎩᏯᏅᏞᏉ
ᏦᎰᏅᏒ ᏦᏒ:Ꭲ.

6 ᏂᎯᏉ ᏨᏒᎯ
ᏕᏨᏯᏁᎶᏗ,
ᎿᏉ ᎠᏎ ᏬᏂᎦᏧ
ᎦᎸᎳᏗ ᏦᏒ:Ꭲ.

HYMN 77. S. M.

Evening Hymn.

1 ᎦᎸᎳᏗ ᏤᎯ,
ᎠᏰ ᏍᏆᏁᎳᏅ:Ꭿ,
ᏕᏣᏙᏍᏛ ᏥᏁᎢᏍᏗ
ᎪᎯ ᎤᏒ ᏥᎩ.

2 ᎬᏬᏔᏕᏍᎬᎢ
ᏂᎯ ᏣᏁᎳᏁ:Ꭲ;
ᎠᎴ ᏂᎦᎵᏏᏂᏒ
ᎬᏯᎵᏍᎦᏍᏙᏙ:Ꭲ.

3 ᎿᏉ ᎠᎵ:ᏲᎶᎦ,
ᎦᎸᏗ ᎰᏒᎢ,
Ꮤ:ᎦᏔᏍᏗᏍᎩ ᏂᎰᏒᎾ,
ᏍᎩᏍᏆᏂᎪᏕᏍᏗ.

4 ᏂᎰᎵᏍᎬᎾᏃ
ᏒᏃᏳ Ꮵ:ᎵᏤᏍᏗ,
ᎦᎸᎳᏗ ᏗᏤᏅᏒ
ᏗᏍᏞᏅᏏᏛᏃᎲ.

5 ᏂᎯ ᏗᏣᏤᎵ
ᏧᏁᏤᎵᏏᏍᏗ
ᎬᏆᏲᎾᏍᏗᏕᎰᏍᏗ
ᎬᏂ ᏥᏰᏨᏃᎲ.

6 ᎿᏉ ᎦᏗᏛᎥ:ᏃᎲ,
ᏕᎦᏏᏂᎸᏨ:ᏃᎲ,
ᏅᏃ:Ꭿ ᎤᏁᎬ ᏣᏤᎵ
ᏍᎩᏅᎿᏁᎸᎢ.

HYMN 78. C. M

Daily Mercies and Thanks.

1 ᏂᎦᎩᏨᏂᏒ ᏂᎯ
ᏕᏨᏃᎩᏍᏗᏍᎪ,
ᎠᎴ ᎢᏨᏯ:ᎵᏍᎦᏍᏙᏙ,
ᎦᎸᎳᏗ ᏤᎯ.

2 ᏩᏏᏙᎵᎶᏛᎢᏃ
ᏧᎶᏏᏅᏛᎵ,
ᎾᏍᎩ ᎡᏉᎯᏳ ᎰᏒ
ᏧᏥᏍᏆᏂᎪᏍᎪ:Ꭲ

3 ᏂᎦᎵᏏᏂᏒᎢᏃ
ᏃᏥᎾᏰᏍᎬᎾ
ᏙᏳᏂᏢᎥᏍᎪ, ᏂᎯ
ᏍᎩᏍᏆᏂᎪᏙᎢ.

4 ᏥᎯᏌᏃ ᏂᎪᎯᎸ
ᏍᎩᏯᏙᎵᎪᎢ,
ᎣᏍᏛ ᏂᏍᎩᏯᏛᏁᎰ
ᎢᎦ ᎠᎴ ᎡᏃᏱ

5 ᎢᏳᏍᏗᎥ ᏑᎾᎴᎢ.
ᎢᎦ ᎠᎴ ᎤᏒ,
ᏂᎯ ᎢᏳᎸᏉᏕᏍᏗ
ᏍᎩᏯᏁᎳᏅᎯ.

HYMN 79. S. M.

Sabbath Morning.

1 ᎤᏬᏚᎯ ᎪᎯ
ᎢᎩᎩᏨᏯᎦ,
ᎤᎬᏫᏳᎯ ᎤᏤᎵ
ᎪᎯ ᎢᎦ ᎨᏒ.

2 ᎪᎯ ᎢᎦ ᏥᎩ
ᎦᎸᎳᏗ ᎡᎯ
ᏂᎪᎯᎸᎢ ᎤᏩᎫ
ᎤᎸᏉᏔᏁᎢ.

3 ᎤᏯᏪᏐᎴᎢ
ᏚᎸᏫᏍᏓᏁᎸᎢ,
ᎤᏟᎯ ᎤᎸᏉᏔᏁ
ᎪᎯ ᎢᎦ ᎨᏒ.

4 ᎢᏓᏟᏂᎬᏏ
ᏗᎦᏓᎨᏳᎯ,
ᎡᏁᎸᏉᏓ ᎤᏩᎫ
ᎢᎦᏁᎳᏅᎯ.

5 ᎢᎸᏍᎩ ᎸᏒᎸᎥ
ᏮᏓᏗᎷᏥᎵ
ᏦᏒ, ᏗᎬᏩᎸᏌᏓ
ᎢᎦ ᏗᎨᏒᎢ.

HYMN 80. L. M.

Sabbath Morning.

1 ᏍᎩᏯᏁᎳᏅᎯ, ᏂᎯ
ᏗᏩᏤᎵᎦ ᎨᏎᏍᏗ
ᏦᎦᏓᏅᏙ ᎪᎯ ᎢᎦ
ᎤᎾᏙᏓᏆᏍᎬ ᏥᎩ.

2 ᏍᎩᏍᏕᎸ ᏦᎩᏂᎯᏍᏗᏱ
ᎡᏩᎯ ᎠᎴ ᎠᏍᎦᎾ,
ᎸᏓᎴᏒᏃ ᎤᏐᏅ
ᎦᎸᏉᏗ ᎪᎯ ᎨᏒ.

3 ᎤᏩᎳᏅᎯᏃ ᎾᏍᏉ
ᎤᎵᏘᎵᏍᏗ ᎨᏎᏍᏗ
ᏙᎦᏓᏅᏛ ᏧᏤᏒᎥ
ᎦᎸᏉᏗ ᏗᏓᏁᎸ.

4 ᎦᎸᏉᏗᏳᏃ ᎢᎦ
ᎦᏩᏐᏅᎥ ᏧᏍᏛᏉ
ᎾᏂᎦᏓᏅᏖᏍᏗ, ᏂᎯ
ᎢᏨᏯᏓᏅᏖᏍᎨᏍᏗ.

HYMN 81. 7, 6.

Close of the Year.

1 ᎤᎦᏯᏴᏰᏗᏒ
ᎿᏉ ᎤᏣᏲᏅ,
ᎤᏍᏆᎳᎯᏳᏕᏃ
ᎨᏒᎩ ᎤᏣᏯ.
ᎤᏏᏊᎴ ᎦᎹᏅ
ᎦᏕᏣᏲᏛᏍᏕ,
ᎢᎹᏬᏔᎦᏍᎬᏃ
ᏝᎩ Ꮣ:ᎴᏍᏆᏗᏍᎸ.

2 ᎢᏗᏍᎪᏂᎴᏍᏗᏍᎪ
ᎤᏍᏆᎳᎯ ᎨᏒ
ᎢᏓᏏᏂᏙᏛᎢ
ᎠᏂ ᎡᏣ:Ꭿ ᎨᏒ?
ᏝᏍᏗ, ᎡᏗᎨᏳᎢ
ᎢᏕᏁᎳᏅᎯ,
ᏝᏍᏗᏉ ᎾᏍᎩ ᎠᏴ
ᏑᏗᏍᎪᏂᎴᏍᏗ.

3 ᎭᎱᏰ ᎢᎩᏍᏕᎴᏍᎩ
ᎬᏩᏂᏆᏗᎯ
ᎤᎲ ᏩᎾᏓ:ᏅᏓᏓ
ᏝᏕ ᎠᏁᏛᎢ;
ᎠᎾᎴᎹᏗᏕᏃ,
ᎠᏏ ᎡᎯᏍᏗᏳ
ᎤᏥᏕᏊᏗ ᎨᏒ
ᎠᎴᏑᏣᎯᎸ.

4 ᎡᏗᎨᏳᎢᏍᎩᏥ
ᎭᎱᏰ ᏕᏣᏁᎼ
ᏝᎩ ᏓᏗᏩᎹᎯ
ᏅᏩᏙᎯᏍᎹ.
ᎠᏍᏓᏍ ᏗᏗᏃᎩ,
ᎠᏏ ᎦᎹᏅᎢ
ᏧᏍᏆᎳᎯ ᎨᏒᎢ
ᎢᏓᎴᎮᎴᎩ

HYMN 82. L. M

Funeral Hymn.

1 ᎤᏁᎳᏅᎯ ᎤᏁᏨ
ᎠᏴ ᏗᎩᎶᎱᎯᏍᏗ:Ꮽ,
ᎠᏏᏬ ᎾᏂᎥ ᏴᏫ
ᎡᎳᏗ ᏧᏂᏅᎢᏍᏗ:Ꮽ.

2 ᎠᏎᏃ ᏅᏏᏃᏅᎯ
ᎳᎴᏁᎢ ᏧᎾᏏᏗ,
ᎠᏎ ᏅᏓᏕᎴᏍᎳᏂ
Ꭴ:ᎴᏍᏆᏊ.Ꮣ ᎢᏕ ᎨᏒ

3 ᏕᏣᏁᎼ ᎤᏬᏊᎢ
ᎢᎬᏑᎵ ᎹᏂᎷᎰ,
ᏚᏥᏊᎾᏍᏓᏁᏊᎢ
ᏙᏓᎨᏧᎪᏓᏁᎴ.

4 ᎿᏉ ᎠᏃᎯᏳᏛᏍᏙ
ᏕᏣᏁᎼ ᏩᏁᎮᏍᏗ,

ᎾᏃᎯᏳᎲᏍᎬᎾᏃ
ᏧᏲᎵᎢ ᏩᏁᏢᏍᏗ.

5 ᏕᎾᏁᎹ ᏍᏇᏲᎲᏍ
ᎤᏛᏆᏩᎯᏳ ᎬᏅᎢ,
ᎠᏆᎹᏅᎢᏛᏩᏅᎯ
ᏥᏎᏍᏗ ᎨᏲᎤᏒᏉ.

HYMN 83. L M.

Funeral Hymn.

1 ᎭᎪ ᏗᎩᏲᎱᎯᏍᏗ
ᎠᏴ ᎠᏎ ᎦᎦᎠᏗ?
ᎭᎪ ᏗᏗᎠᏓᏁᎯ
ᏗᏘᏍᏗ ᎪᏗᏍᏯ?

2 ᎾᏍᎩ ᏄᏍᏗ ᎤᏢᏁᏨ
ᏦᎨᏩ ᎦᏑᎪᏩᏛ;
ᏗᏂᏲᏢᎯ ᏩᏁᎲ:Ꭲ
ᎾᏗᏍᏯ ᎿᏉ ᎠᏎ.

3 ᎾᏗᏍᏯ ᎾᏓᎬᏉ
ᎢᏕ ᏕᎾᏮᎲᏍᎬᎢ;
ᎤᏓᏄᏓ Ᏼ ᏒᎩ
ᎤᏁᎳᏅᎯ ᎤᏁᏨ:Ꭲ

4 ᎢᏓᎹᏅᎢᏍᏓᎪᏕ
ᏑᏓᏡᎢᏍᏗᏜ ᎭᏫ
ᎠᏏ ᏅᏩᏙᎯᏯᎹ
ᎭᏓᏣᏂᏙ ᏒᏇᎯ.

5 ᎿᏉᏃ ᎢᏯᏍᏆᎹᏬ
ᎠᏂ ᎢᏓᏣᏂᏙᏚ:Ꭲ
ᎢᏳᏙᏓ ᏧᏬᏚᎢ
ᎾᏑᏢᏍᏗ ᏂᎠᎯᏚ:Ꭲ.

HYMN 84. S. M.

Shortness of Life.

1 ᏓᏳᏳᏉ ᎢᏕ
ᏕᏕᏯᏎᎲᏍᏕ,
ᏕᎹᏅᏃ ᎾᏍᏉ ᏓᏳ
ᏙᏓᏕᏯᏎᏂ.

2 ᎢᏓᏓ:ᏅᏣᏍᏖᏍᏗ
ᏓᏕ ᎢᏕᎲᎢ,
ᎠᏣ ᎢᏕᏁᎳᏅᎯ
ᏒᏗᏤᏳᏎᏍᏗ.

3 ᎤᏁᎳᏅᎯᏉ
ᎤᏓᏙᎴᏩᎹ
ᏅᏗᏕᏝᏍᏛᏗ ᎠᏏ
ᎭᏓᏣᏂᏙᎯ.

4 ᎭᏌ ᏑᏓᏎᏅ
ᎠᏏ ᎢᏕ ᏤᎩ,
ᎠᏎ ᏓᏳᏙᏝᏤᏉ
ᏭᏙᎢᏳᏅᏉ

HYMN 85. C. M.

Death of Believers.

1 ᎦᏙᏃ ᎢᏗᏍᎪᏂᎮ
ᏁᎾ ᎢᎦᏪᎢ,
ᏑᏓᏓᎪᏁᎶᎩᏃ
ᎢᎩᏍᎦᏍᏓᏁᎮᎢ?

2 ᎤᏍᏚᏢᏍᎩ ᎤᏁᏨᎯ
ᎯᎠ ᏩᏥᏰᏅ,
ᎠᏲᎱᎯ ᏗᏰᏂᏙ
ᎾᏞ ᏧᏬᏱᎢ.

3 ᎠᏴ ᎾᏍᏉ ᏫᏗᎦᏘ
ᎾᏓᎬᏉ ᎢᎦ,
ᎾᏍᎩᏰᏃ ᎢᏱᎯᏳ
ᏅᏓᏓᏢᏍᏆᏂ.

4 ᎦᏙᏃ ᎢᏗᏍᏙᎦᎢᎮ
ᎠᏰᏱ ᏕᏚᏢ,
ᎾᏍᎩ ᏱᎹᏁᏱᎢ ᏥᎥᏌ
ᎢᎩᎯᏰᏟᎢ.

5 ᎤᏩᏒ ᎠᏥᏂᏌᏅ,
ᎬᏬᎯᏳᏅᎯ
ᏑᎦᏂᏌᏜ ᏂᎦᎥ
ᏚᏱᏉᏔᏁᎢ

6 ᏔᏉᏃ ᎤᏗᎹᏈᎢ,
ᏦᏒ ᏕᎶᏐᎢ,
ᎢᎦᏐᏈᏟᏃ ᏅᏃᎯ
ᎾᏔ ᏫᎦᏅᏅᎢ.

7 ᎠᏐᏰᏃ ᎦᏱᏔᏗ
ᎤᎬᏫᏳᎯᏏ
ᎣᏓᏓᏗᏓᏁᏍᏆᏂ
ᎤᏢᏍᏆᏱᏗ ᎢᎦ

8 ᎠᏟᏃ ᏙᎹᎾᏟᏂ
ᏧᏂᎶᎱᏒᎯ,
ᎦᏱᎶᏃ ᎢᏧᏩᏲ
ᎠᏐ ᏫᏚᏈᏍᏗ

HYMN 86. 11s.

I would not live alway.

1 ᏝᏍᏗ ᏂᎪᎯᏱᎢ ᏫᎨᏒᏍᏗ
ᎠᏂ, ᎤᏲ ᏓᏆᏘᏰᏙᏛᎢ;
ᏝᏍᏉ ᎠᏆᏟᏂᏓᏍᏗ ᏥᎩ
ᏒᎶᎯ ᏰᏢᏉ ᎠᎩᏰᏱᏲ.

2 ᏞᏍᏗ ᏂᎪᎯᎸᎢ ᏅᎰᎡᏍᏗ
ᎬᎩᏍᏕᏅᎢᏍᏗ ᎾᏆ:ᎴᏍᏓᏁᏫ:Ꭲ,
ᏧᏍᏬ ᎠᏮ ᎤᏰ ᎤᏓᏰᏴᎢ;
ᏦᏒᏍᎩᏂ ᎤᏟ ᎾᏆᏚᎴᏨ.

3 ᏞᏍᏗ ᏂᎪᎯᎸᎢ ᏅᎰᎡᏍᏗ
ᎬᎩᏍᏕᏅᎢᏍᏗ ᎾᏆ:ᎴᏍᏓᏁᏫ:Ꭲ;
ᎠᏙᎴᏍᏬᎢ Ꮳ ᏅᏥᏍᏕᎢᏨ,
ᏥᏌᏲᏃ ᎾᏉ ᎤᏂᏏᏁᎢ

4 ᏕᎪᎰ ᏳᏚᏫ ᎠᏂ ᎡᎶᎯ
ᏂᎪᎯᎸᎢ ᎤᏮᏂᏓᏍᏗᏱ;
ᎡᏍᏕ ᏗᏌᏳᎾ ᎤᏁᎳᏅᎯ
ᎤᏕᏗᏱ ᎤᏬᏚᎯ ᏦᏒᎢ.

5 ᎾᏉ ᏂᎪᎯᎸᎢ ᎤᎾᏓ:ᏅᎯ
ᎠᎾᎴᎮᎴᏕ ᏓᏂᏃᎩᎠ,
ᎤᏂᏍᏕᎴᏍᎩ ᎠᏂᏯᏛᏗᏨ,
ᎾᏉ ᏫᎰᎡᏍᏗ ᏂᎪᎯᎸᎢ.

HYMN 87. C. M.

Christ's Second Coming.

1 ᎤᏁᎳᏅᎯ ᎤᏪᏥ
ᎢᏕᎫᏴᎮᎢ,
ᏉᏧ ᏦᏒ ᏫᎤᎶᏎ
ᎢᏕᎫᏴᎨᏅ.

2 ᎠᏎᏃ ᎢᎤᏁᏉᎢ
ᎢᏳᏃ ᏚᏮᏅ,
ᏔᎴᏁ ᏬᏥᎷᏥᎴ,
ᎤᏬᏁ ᎤᏁᏣ.

3 ᎡᎳᏂᎬ ᏬᎴᏍᏆᏗ
ᏕᎹᏣᏨ ᎢᏳ;
ᏂᏕᏬ ᏓᏲᏗᎪᎢ
ᎠᏂ ᎡᎳᏂᎬ.

4 ᎤᎾᏓᏅᏘ ᎠᏁᏪ
ᏙᏛᎲᏅᎯᎵ,
ᏦᏒ ᎿᏉ ᏂᎪᎯᎸ
ᏙᎯ ᏩᏁᎵᏍᏗ.

HYMN 88. L. M.

Judgment.

1 ᏂᎦ ᎤᎾᏑᎯᏍᏗᏳ
ᎨᏎᏍᏗ ᎾᎯᏳ ᎢᎦ,
ᎡᎶ:Ꭿ ᏗᎫᎪᏓᏁᎯ
ᎦᎸᏉᏗ ᎦᎷᏨᎭ.

2 ᎠᏂᎾᏑᏍᎬ:Ꭲ ᎦᎸᎶ:Ꭲ
ᎠᎴ ᎡᎶ:Ꭿ ᏛᎾᏝᏴ;
ᏂᎯᏃ ᎠᏆᏓᏅᏙ
ᎦᏙ ᎿᏉ ᏔᏛᏁᎵ?

3 ᎤᎬᏫᏳ:Ꭿ ᏲᎶᏍᎦᎦ,
ᎭᏢ ᎿᏉ ᎾᏲᎶᎯ?
ᏂᎬᎾᏛ ᎠᎪᏩᏘ:Ꭽ;
Ꮭ ᏰᎦᎭᏗᏍᎦᎸᎦ.

4 ᏥᎪ ᏑᎵ ᏅᏂᎡᏍᏗ
ᎤᏔᏔᏬᎯᏍᏗ ᎨᏒ
ᎦᎾᏄᎪᏨᎭ? ᎠᎴ
ᎤᎦᎵᏍᏗ ᎶᏓ:ᏅᏖᏍᏗ?

5 ᎭᏛᏓᏍᏓ ᎧᏁᎬᎢ
ᏩᏍᎦᎵᏍᎩ ᏥᎶᎲᏂ:Ꭽ,
ᎠᏴ ᎤᏓᏙᎵᏣᏛ
ᏫᏗᏒᏪᏍᎬᎾ ᏥᎩ.

6 ᎠᏴ ᎪᎯ ᎢᎦ ᏥᎩ
Ꭽ:ᎵᏴᎾᎯᏍᏓ ᎶᏂᎦ
ᎤᏓᏙᎵᏍᏗ ᎨᏒᎢ.
ᏞᎩ:Ᏻ, ᏞᎩᏳ ᎭᎵᏘ!

HYMN 89. 8, 7, 4.

Christ coming to Judgment.

1 ᎦᎸᎳᏗ Ꭱ:Ꭿ ᎤᏪᏥ,
ᎦᎸᎶ ᏦᏒ ᎡᎯ
ᎤᎬᏫᏳᎯ ᏓᎲᎢ;
ᎠᏂ ᎡᎳᏗ ᎨᏒ
ᏕᎦᎷᏥ;
ᏕᎧᏁᏥ ᎦᎷᏨ:Ꭽ.

2 ᎠᏴ ᏓᏥᏁᏥᏙᎵ
ᏥᎷᏥᎸ:Ꭽ ᎤᏛᏁ:Ꭲ,
ᎿᏉ ᎠᏎ ᏛᎵᏍᏆᏗ
ᎠᏂ ᎡᎳᏗ ᎨᏒ,
ᎤᏛᏁᎢ
ᎤᏁᎳᏅ:Ꭿ ᎤᏪᏥ.

3 ᏙᏓᎸ ᏙᏓᏗᎪᎯ
Ꭰ:ᎵᏍᏆᏛ:Ꭽ ᏓᏂᎨᏍᏗ
ᎦᏙᏉᏃ ᏔᏛᏁᎵ
ᎿᏉ ᏩᏗᏍᎦᎶᏗ Ꭿ

ᎶᏲᎸᏬ,
ᎡᏔᏂᎬ ᎠᏲᏨᏬ?

4 ᎤᎬᏫᏳᎯ ᎶᎢᏎᏍᏗ,
ᎬᏩᏍᏕᎸᎯᏙᎯᏃ
ᏧᏂᏉ ᏗᎾᎢᏎᏍᏗ
ᎨᏥᏅᏏᏙᎸᎯ
ᎠᏂᏏᏪ,
ᏭᎾᏰᎯᏍᏗ ᎨᏎᏍᏗ.

5 ᏥᏌ ᎶᎢᏎᏍᏗ ᎿᏉ
ᏧᎵᏖᎸᏂ ᎦᏙᎯ,
ᏦᏯ ᏧᏂᏗᎱᏒᎯ
ᏧᏂᏰᏥ ᏂᎦᏛ;
ᎾᏍᎩᏰᏃ
ᏄᏪᏒ ᎤᏁᎳᏅᎯ.

6 ᏄᏍᏛ ᎠᏂ ᎢᏤᎲᎢ
ᎿᏉ ᎢᏣᏛᎦᏅ;
ᏳᎵᏍᏆᏛ ᎢᏤᎲᎢ,
ᎢᏯᎩᎵᏗᎢᏍᏗ
ᏧᏗᏢᎢ,
ᏰᏗᏔᏏᏯ ᏥᏌ.

HYMN 90. H. M.

Heaven.

1 Ꭳ ᎠᏆᏓᏅᏙ,
ᎿᏉ ᏬᏏᏅᏛᎵ
ᎤᎵᎮᎵᏍᏗᏳ

ᎦᎸᎳᏗ ᏦᏒ.
ᎾᎿ ᏪᏬ
ᏂᎪᎯᎸ
ᎦᎸᏉᏗ
ᎦᎶᏁᏛ.

2 ᎾᎿᏂ Ꮭ ᏰᏬ
ᎤᏗ ᎠᏰᎸᏗ,
ᎠᎴ ᎡᎯᏍᏗ,
ᎠᎴ ᎥᏳᎩ.
ᎾᎿ ᏪᏬ—

3 Ꮭ ᎠᏗᎱᎯᏍᏗ,
ᎠᎴ ᏓᎿᏩ,
ᎠᎴ ᎠᏍᎦᏂ
ᎦᎸᎳᏗ ᏰᏬ.
ᎾᎿ ᏪᏬ—

4 ᎦᎸᎳᏗ ᎡᏬ
ᎤᏩᏙᎯᏯᏛ,
ᎠᎴ ᎬᏂᏛ,
ᏥᏌ ᎤᏤᎵᎦ.
ᎾᎿ ᏪᏬ—

5 ᎨᏥᏅᏏᏙᎯ
ᎨᎦᎫᏴᏛᏃ
ᎾᎿ ᏂᎪᎯᎸ
ᎠᎾᎵᎮᎵᎦ
ᎾᎿ ᏪᏬ—

6 ᏲᎨᏩ ᎾᏂᏂ
ᎤᏤᏝ ᏗᎨᏒ:Ꭲ,
ᏧᏪᏥ ᏂᏆᏎ
ᎦᎤᏍᏆᏂᎪᏗ.
ᎾᏂ ᏪᏛ—

7 ᎦᎸᎳᏗ ᏦᏒ
ᏲᎨᏩ ᏧᏬᎸ
ᏩᏯᏔᏂᏍᎬᎢ
ᎠᏆᏫᏔᏩᏗ
ᎾᏂ ᏪᏛ—

HYMN 91. S. M.

Heaven.

1 ᏫᏩᏙᎯᏯᏛ
ᎠᏎ ᏛᏍᏆᎸᎯ
ᎠᏩᏪᏉᎸᏍᏗ ᎨᏒ
ᎦᎸᎳᏗ ᏦᏒ.

2 ᎨᏥᏁᎸᏰᏃ
ᎤᏂ ᎤᎾᏓᏫᏒ
ᎾᏍᎩ ᏫᏩᏙᎯᏯᏛ
ᎦᎸᎳᏗ ᏦᏒ.

3 ᎤᏝᏢᏝᏍᏗᏣ
ᎨᎪᏢᎾᏁᎸ
ᎤᏂ ᎢᏣᎾ:ᏝᏍᏓᏁᎯ
ᎦᎸᎳᏗ ᏦᏒ.

4 ᎠᏮᏬ ᎠᏫᏬ
ᎨᎪᏢᎾᏁᎸ
ᎡᎯᏍᏗ ᎤᎾᏓᏫᏒ
ᎦᎸᎳᏗ ᏦᏒ.

5 ᏨᏏ ᎠᏓᏁᎸ
ᏧᏂᏜᏪᏣᎯ
ᎨᎦᏛᏫᎢᏍᏓᏁᎸ
ᎦᎸᎳᏗ ᏦᏒ

6 ᎡᎯᏍᏗ ᎨᏒᎢ
ᎠᏮᏬ ᎠᏍᎦᏂ
Ꮭ ᏰᏢᏍᏗ ᎢᎸᎯᏣ
ᎦᎸᎳᏗ ᏦᏒ

7 ᏍᎩᏯᏁᎳᏫᎯ,
ᏍᎩᏍᏕᏝᏍᎨᏍᏗᏲ
ᏬᎩᎾᏄᎪᎢᏍᏗᏫ
ᎦᎸᎳᏗ ᏦᏒ.

HYMN 92. S. M.

Where is Rest?

1 ᏬᏢ ᏓᏥᏩᏛ:Ꭿ
ᎠᏆᏓᏫᏙᎩ
ᎤᏩᏪᏉᎸᏍᏙᏗᏫ
ᎠᏂ ᏋᏭᏂᎬ.

2 ᎾᏍᏉ ᏏᏗ. :
ᎠᎴ ᎡᎳᏂᎬ
ᏍᎩᏲᏓᏙᎸ, ᎠᏏ
Ꮭ ᏴᎦᏥᏩᏛ.

3 ᏝᏰᏃ ᎡᎶᎯ
ᎬᎩᏁᏗ ᏱᎩ
ᎾᏍᎩ ᏅᏩᏙᎯᏍᏛ
ᎶᏆᏚᏓᏍᎪᎢ.

4 ᎦᎸᎳᏗᏍᎩᏂ
ᏦᏴ ᎡᏙᏙᏱ,
ᎾᏏᏂ ᏗᏍᏆᏂᎪᏗ
ᏅᏩᏙᎯᏍᏛ.

5 ᏧᎨᏩ ᏍᎩᏍᏕᎸ
ᎠᎩᏩᏛᏗᏱ
Ꮎ ᏓᏍᏆᏗᏍᎬᎾ ᎬᏂᏛ
ᏗᎶᏍᏆᏂᎪᏛ:Ꭲ.

HYMN 93. S. M.

History of Redemption

1 ᏬᏛᏓᏍᏓ ᏞᏉ,
ᎠᏎ ᏙᏓᏥᏉ
ᏂᎦᎥ ᏂᎦᏛᏁᎸ
ᎦᎸᎳᏗ ᎡᎯ.

2 ᏧᏅᏎ ᎤᏪᏥ
ᎤᏲᎱᎯᏍᏗᏱ;
ᏧᏕᏫᏉ ᏂᎪᎯᎸ
ᏧᏙᎯᏩᏕᏍᎦ.

3 ᎦᎸᎳᏗ ᎡᎯ
ᎤᏪᏥ ᎤᎷᏤ:Ꭲ,
ᎤᎶᏗ ᎤᎩᏓᏲᏤ
ᏧᏍ:Ꮫ ᎢᎦ:ᏓᏍᏓᏁᏗᏱ

4 ᎤᏂᎶᏗ ᏴᎾ
ᎬᏩᏂᏴᎮᎢ,
ᎤᎬᎾᏣᎯ ᎴᎧᏉ
ᏑᎾᏘᏅᏍᎳᏁ:Ꭲ

5 ᎤᎶᏗ ᎪᎱᏍᏗ
ᎠᎾᏥᎪᎥᏍᎨ:Ꭲ,
ᎠᏎ ᎤᏂᎯᏍᏗᏱᏉ
ᎤᎾᏚᏓᏍᎨᎢ.

6 ᏚᏂᏰᏚᏢᏁ,
ᏕᏅᎾᏓᏥᏍᏇ,
ᎤᎶᏗ ᎤᏂᎸᏂᎴ,
ᎠᏂᏰᏓᏍᎨᏃ.

7 ᏕᎠᏂᏫᏛᏍᎨ
ᏗᎪᏍᏓ:Ꮽ ᎠᏍᎪᏢ:
ᎦᏓᏍᏓᏳᎨᏂ ᏏᏉ
ᎩᏆ [illegible]ᏤᎢ.

8 ᎯᏄᎦ ᎨᏛᏍᏗ,
ᎢᏅᏃᏐᎴᎢ,
ᎦᏚᏏ ᎠᎦᏛᏗᏱ
ᎾᏏ ᎤᏂᎯᏍᏗ:Ᏹ.

9 ᎤᏁᏘᏁᎢᏃ,
ᏏᏭ ᎤᎾᏛᏁ:Ꭲ;
ᏴᎩ ᏚᏂᏲᏔᏁᎢ,
ᎤᎾᏛᏁ ᎨᏛ.

10 Ꭰ:Ꮿ ᎠᎩᏔᏕᎩ,
ᏏᏭ ᎤᏛᏁᎢ,
ᏧᏂᏦᏬᏍᏗ ᎠᏲᏰ
ᎠᏓ:Ꭶ ᎤᏂᎱᏁ:Ꭲ

11 ᎠᏰ:Ꮂ ᎢᎦ ᎨᏎ
ᎤᎲᏏᏬᏎᎢ;
ᎤᏒᎯᏰᏱᏭ ᎨᏎ
ᏏᏭ ᎤᎰᎱᏎ:Ꭲ

12 ᏏᏭ ᎤᎰᎱᏒ
ᎦᏙ:Ꭿ Ꮕ:ᎲᏖᏄᏁ:Ꭲ
Ꮕ Ꮼ ᏚᏬᏓᏬᏦᏁ;
ᎢᎦ Ꮔ.ᎲᏍᏔᏁᎢ.

13 Ꮏ:Ꮽ ᎤᏂᏂᏌᏁ.Ꭲ
Ꮕ Ꮀ:Ꭿ ᎠᏔᎴᏒ,
Ꮕ Ꮼ ᎤᏂᏍᏚᏔᏁᎢ
ᎤᏂᏂᏌᏅᎢ.

14 Ꮤ Ꮂ ᎾᏄᏒᏄ
ᎢᏅᏗᏛᏢᎢ;
ᎤᎾᏓ:ᏅᏘ ᎤᏂᎪᏢ
ᏗᎴᏅᎯ ᎨᏎ:Ꭲ

15 ᏩᎦᏍᎪ:Ꭿ ᏄᏒᎴ
ᏔᎲᏁ ᎢᏒᏢ:Ꭲ;
ᏏᏭ ᏴᎾ ᎤᏂᎪᏢ
Ꮜ:ᎲᏌᏔᏓᏁᎢ.

16 ᏕᏅᏃᏁᎴᎢ,
ᎠᏎ ᏛᏥᎷᏥ,
Ꮜ:ᏝᏍᏆ:ᏄᏁ ᎢᎦ ᎨᏎᏛ!
ᏛᏍᎩᎪ:Ꭲ ᏅᏛᏤ:Ꮭ

17 ᏏᏭ ᎩᏛᏬᏅ.Ꭿ,
ᎤᏃᎯᏳᏅᎯ,
ᎰᏙᏛᏘᏅᏍᏔᏂᏃ
ᎤᏩᏒ ᏕᏬᏄ.

18 ᏙᏓᎦᏍᎯᏱ
ᏆᏃᎯᏳᏅᎾ,
ᏂᎪᎯᏄ ᏗᎰᎵᎢ
ᏏᏭ ᏩᏁᏢᏍᏗ.

HYMN 94. 6, 4

To the Trinity.

1 ᎡᏩᏄᏭᏗᏳ
ᎦᏄᏔᏗ ᏢᎯ

ᎣᎩᏙᏓ,
ᏍᎩᏯᏁᎳᏅᎯ,
ᏕᏣᏃᎩᏍᏗᎭ,
ᎠᎴ ᎢᏣᎨᏳ.Ꭲ
ᏂᎪᎯᎸ.

2 ᎣᏣᏓᏙᎵᏍ.Ꮧ Ꭽ
ᏥᏌ ᎦᏬᏁᏛ,
ᎭᏛᏓᏍᏓ;
ᏍᎩᏲᎤᎯᏎᎸ.Ꭿ,
Ꮤ ᎵᏁ ᏥᎵᎭ,
ᎢᏣᏯ. ᎵᏍᎦᏍᏙᏗ
ᏂᎪᎯᎸ.

3 ᎠᎴ ᎠᏓᏅᏙ
ᎡᏣᎸᏉᏗᏳ,
ᏍᎩᎷᏥᏴ;
ᏦᎦᏓᏅᏙᎩ
ᏗᏍᎩᏅᎦᎸᏴ; .
ᏗᏍᎩᏯᏗᎸᎦ
ᏂᎪᎯᎸ.

4 ᏝᏉ ᎢᎩᏙᏓ
ᎣᏍᏛᏃ ᎤᏯᏥ,
ᎠᏓ.ᏅᏙᏃ,
ᏦᎢ ᎢᏯᏂᏛ,
ᎠᏎᏃ ᏌᏉᏉ,
ᎨᏗᎨᏳᏎᏍᏗ
ᏂᎪᎯᎸ.

HYMN 95. 8, 7.

Marriage Hymn.

1 ᏍᎩᏙᏓ ᏣᏁᎳᏅᎯ,
ᏍᎩᏰᎳᏗᏙᎵᏍᏗ
ᎠᏂ ᏥᏙᏥᎳᏫᎥ
ᏕᎨᎦᏣᏍ.ᏗᏍᎬᎢ.

2 ᎯᎠ ᏥᎦᎾᏆᏴᎸ
ᎣᏍᏛ ᏕᎭᏓ.ᏅᏖᏍᏗ;
ᏗᏍᏕᎸ ᎤᏙᎯᏳᏒ
ᏧᎾᏓᏁᏆᏗᏜ.

3 ᏂᏅᏅᏃ ᎢᎪᎯᏛ
ᎦᎾᏓᎨᏳᏎᏍᏗ,
ᎠᎴ ᏅᏩᏙᎯᏯᏛ
ᎤᎾᏜᏫᏍᏗᏍᎨᏍᏗ.

4 ᏂᏅᏅᏃ Ꮣ. ᎵᏍᏆᏛᎭ
ᎢᏧᎳ ᏗᏆᏅᏒ
ᎣᏍ:Ꮫ ᎠᏓ:ᏅᏓᏗᏍᏗ ᎨᏒ
ᏕᎭᏓᏂᎸᏣᎭ.

5 ᎠᎴ ᎾᏍᏉ ᏃᏥᎥᏉ
ᎢᏍᎩᏯᏙᎵᎨᏍᏗ,
ᎠᎴ ᏂᎪᎯᎸ ᎣᏍᏛ
ᏂᏍᎩᏯᏛᏁᎵᏍᏗ.

HYMN 96. L. M.

First Psalm.

1 ᎣᏏᏳ ᎢᏳ. ᎵᏍᏓᏁᏗ
ᎨᏎᏍᏗ ᎾᏍᎩ ᎠᏍᎦᏯ

ᏁᏙᎲᎾ ᎢᏥᏎᏍᏗ
ᎠᏍᎦᎾ ᎤᏲᏏᏍᏗᏱ.

2 ᏗᎧᏏᏩᏛᏍᏗᏍᎩᏂ
ᏯᏴᏳ ᎠᏲᏄᏍᏆᏍᏗ
ᎠᎴ ᏗᎬᏩᎩᏨᏗ
ᎾᏍᎩ ᎠᏓᏅᏖᏍᎨᏍᏗ.

3 ᎾᏍᎩ ᏓᏤᎴᏍᏗ ᏪᎬ
ᏂᎪᎯᏛ ᏣᏓᏛᏍᎪ.Ꭲ;
ᎠᎴᏬ ᏫᏁᏨᏍᎨᏍᏗ
ᎾᏍᎩ ᏕᏛᏫᏍᏓᏁᎸ.Ꭲ.

4 ᎠᏂᏍᎦᎾᎢ ᎾᏂᎪ
ᎤᏬᏅᏛᏔᎳᏅᎯ
ᎤᏔᎴᏍᏗ ᏓᎾᏉᏛ,
ᎤᏃᎴ ᏔᏰᏍᏗᏍᎪᎢ.

5 ᎠᏂᏍᎦᎾ ᎥᏝ ᏦᎡ
ᏫᏰᎬᏂᎾᏋᎪᎢ,
Ᏻ.ᏉᏃ ᎤᎾᏓ.ᏅᏘ
Ꮭ ᏫᏰᎬᎾᏕᏍᎦ.

HYMN 97. 6, 4.

"Child of Sin and Sorrow."

1 Ꭳ ᏣᏍᎦᏅᏨᎯ,
ᎯᎾᏲᏍᎩ,
ᎪᎯ ᎢᎦ ᏥᎩ
ᏫᏨᏓᏍᏓ
ᏕᏣᏁᎸ
ᏣᏍᏂᏬ;
ᏝᏍᏗ ᏣᏙᎯᎸ;
ᏥᏨ ᏲᎾ.

2 ᏥᏌ ᏣᏍᏕᏝᏍᎩ
ᎤᎭᏡᏒ;
ᏥᎪ ᎠᏎᏨᏨ
ᎸᎭᏡᏴ?
ᏓᏨᎭᎪ;
ᏣᏍᏂᏬ;
ᎯᎭᎢᏳᏍᏕ;
ᏫᎹᏥᏴ!

3 Ꭳ ᏣᏍᎦᏅᏨᎯ!
ᎤᏕᏍᏛᏨ!
ᏝᏍᏗ ᏣᎭᏡᏒ.Ꭹ!
ᏬᏝᏗᏨ!
ᏔᎴᏍᏕ!
ᏓᎩ ᏲᎾ!
ᏥᏌ ᏣᏍᏂᏬ
ᏓᎩ ᏲᎾ.

4 Ꭳ ᏣᏍᎦᏅᏨᎯ,
ᎡᏲᎾᏨ
ᏓᏨ ᎩᎾᏝᎢ
ᎯᎹᏥᏴ
ᏕᏣᏁᎸ
ᏣᏍᏕᏝᏍᎩ
ᏃᎯ ᎪᎯᏳᏗ
ᏕᏣᏁᎸ.

HYMN 98. 11, 10.

"Come, ye disconsolate."

1 ᎤᏲ ᎢᏣᏓ:ᏫᏗ, ᏥᎳ ᎡᏆᎾ;
ᎢᏣᎫᏰᎲᎯ ᎸᏥᎷᏥ;
ᎾᏍᎩ ᎤᏩᏒᎯ Ᏻ ᎨᏥᏫᏬᏗ
ᏂᎦᏛ ᎤᏲ ᏆᏣᏓᏫᏛ:Ꭲ.

2 ᎡᏆᎾ ᏓᎩᏳ, ᎢᏥᏍᎦᏫᏨ:Ꭿ,
ᏥᏌ ᎦᏣᏁᏛ ᎡᏥᎷᏥ;
Ꭹ Ꭸ. ᎦᎸᎳᏗ ᎤᎢᏬᏆᎸ:Ꭿ
ᎨᏦᏪᎴᏗ ᎢᏥᏍᎦᏫᏨ:Ꭲ.

HYMN 99. 9, 8, 6, 4.

The Love of Jesus.

1 ᏓᏥᎸᏌᏔᏂ ᎤᏣᏗ
ᏥᏌ ᎠᎥᏁᏔᏫᎯ,
ᎿᎴᏃ ᏙᏓᏥᏃᏁᎵ
ᎠᎩᎨᏳᎯ ᎨᏒᎢ.
ᏥᏍᎥᏂᎪᏍᎪ:Ꭲ ᎦᏓᏫᏛᎵ
ᎬᏂᎨᏒ ᎸᏩᏁᎸᎢ
ᎤᏓ:ᏫᏗ ᎨᏒᎢ;
ᏥᏌᎨᏳᏎᏍᏗᏃ
ᏂᎪᎯᎸ.

2 ᎾᏍᎩ ᏚᎤᏲᏎ ᎤᏆᎵ
ᎦᎸᎳᏗ ᎤᏯᏍᎩᎸ:Ꭲ,
ᏴᎾ ᏍᏓᏟᏣᏍᏔᏁᎢ
ᎠᎩᎩᎵᏲᏆᏗᏱ:
ᏦᎯᏍᏗ ᎤᏓᏫᏓᏚᎢ
Ꭰ: ᎠᎩᏲᎱᎯᏍᏗᏱ
ᎤᏓᎸᏰᏔᏁ:Ꭲ;
ᏥᏌᎨᏳᏎᏍᏗᏃ
ᏂᎪᎯᎸ.

HYMN 100. L. M

Redemption.

1 ᎢᎩᏍᏚᎵᏍᎩ ᎤᎩᎬ
ᎠᎴ ᏫᎩᎵᏲᏨᎢ
ᎢᎩᏁ:Ꭿ ᎤᎵᏢᎵᏍᏗ,
ᎬᏂᏛ, ᎠᎴ ᏦᏒᎢ.

2 ᎾᏍᎩ ᏧᏙᎯᏳᎲᏍᎦ,
ᎠᎴ ᏧᏓᎵᏍᎦᏍᏙᏗ:Ꭽ,
ᎤᏩᏒ ᎢᎩᏍᏚᎵᏍᎩ
ᏥᎳ ᏯᏧᏓᏟᏏᎦ

HYMN 101. L. M.

Gospel Blessings.

1 ᎾᏂᎥ ᎤᏂᏲᏏᏍᎩ
ᎦᎶᏁᏛ ᎤᎾᏤᎵ
ᎢᏳᎵᏍᏙᏗᏱ ᎬᏂᏳ
ᎠᏎ ᏓᎨᏥᎧᎵᎵ.

2 ᎾᏂᎥᏃ ᎬᏩᏲᎯ
ᎦᎶᏁᏛ ᏓᏪᏂᎲ;
ᏗᏂᏪᏠᎩ ᏓᏁᎲ
ᎠᏪᏠᏆᏍᏗ ᎨᏒ.

3 ᏗᏂᏩᎾᎦᎳᎢᏃ
ᏚᎠᎵᏂᎪᎯᏍᏗᎲ,
ᎠᎴ ᎤᏓᏙᎵᏣᏛ
ᎾᏍᏉ ᎤᎾᏠᏪᏍᏗᎲ.

4 ᏥᏌ ᎢᎦᏧᏰᏕᎯ
ᏂᎦᎥ ᎢᎩᏪᏂᎲ,
ᏂᎦᎥ ᎢᏓᏛᏓᏍᏓ;
ᏂᎦᎥ ᏪᏗᎷᏥᏏ.

HYMN 102. 7, 8.

Birth of a Saviour.

1 ᎢᎦᎵ:Ꭲ ᏥᏂᏣᏛᏅ,
ᎤᏁᎳᏅ:Ꭿ ᎤᏪᏥ
ᎤᏣᏘ ᎦᎸᏉᏗᏳ
ᏝᏰ ᎢᎦᏚᏁᎸ.

2 ᎢᎦᎵ:Ꭲ ᏥᏂᏣᏛᏅ
ᎢᎦ ᎢᎦᏛᏍᏓᏁ:Ꭿ
ᎤᏣᏘ ᎤᎧᎵᏨᎯ
ᎢᎩᎨᏳᎯ ᎨᏒ:Ꭲ.

3 ᎢᎦᎵ:Ꭲ ᏥᏂᏣᏛᏅ,
ᎡᏥᎸᏉᏗᏍᎨᏍᏗ
ᎾᏍᎩ ᎢᎦ ᎦᏔᏍᏗᏍᎩ
Ꭴ:ᎵᏏᎩᏳ ᎨᏒᎢ.

4 ᎢᎦᎵ:Ꭲ ᏥᏂᏣᏛᏅ,
ᎠᏍᏓᏜ ᏗᏥᏃᎩ
ᎾᏍᎩ ᎢᏗᏓᎴᏏᎸ:Ꭲ
ᎠᏲᎱᎯᏍᏗ ᎨᏒ.

HYMN 103. 6, 7, 8, 9.

The name of Jesus.

1 ᏚᏙᎥ—ᏚᏙᎥ—
ᎦᎶᏁᏛ ᏚᏙᎥ
ᎤᏣᏘ ᎦᎸᏉᏗᏳ;
ᎾᏍᎩ ᎤᏂᏍᎦᏅᏨ:Ꭿ
ᏧᏍᏛ ᎤᎾᏓ:ᏅᏓᏗᏍᏗᎲ,
ᏥᏌ ᏓᏰᏗᎸᏉᏔᏂ
ᏖᏆᏎ—ᏖᏆᏎ.

2 ᎬᏂᏛ—ᎬᏂᏛ—
ᎬᏂᏛ ᏭᎾᏍᏛᎾ
ᏥᏌ ᎢᎩᏩᏛᏦᎯ;

ᎦᎶᏁᏛ ᎢᎩᏁᎭ
ᏅᏩᏙᎯᏯᏛ ᎨᏒ.
ᎾᏍᎩ ᏓᏰᏗᎸᏉᏔᏂ
ᏐᏆᏎ—ᏐᏆᏎ.

HYMN 104. 8, 6.

Praise to the Trinity.

1 ᎤᏁᏔᏅᎯ ᎦᎸᏉᏗᏳ
ᏕᏗᏃᎩᏍᏗᏍᎬᎢ
ᎤᎶᏔᏅᎯ ᏂᏗᎥ
ᎢᏓᏝᎵᏝᎩ:
ᎣᎨᏩ ᎡᏗᎸᏉᏓ,
ᎤᎬᎾᏳᎯ ᎢᎩᏙᏓ,
ᎠᎴ ᏥᏌ ᎦᎶᏁᏛ,
ᎠᎴ ᎠᏓᏅᏙ.

2 ᎦᎸᎳᏗ ᎾᏗᎷᏨᎭ
ᏐᏉ ᏂᎪᎯᎸ
ᎾᏐ ᎠᏁᎯ ᎢᏧᏔᎭ
ᏕᏗᏃᎩᏍᎨᏍᏗ.
ᎢᎩᏲᎱᎯᏎᎸᎯ
ᎩᎬ ᎢᎦᏧᏴᏔᏅᎯ
ᎾᏞᏍᏆᏗᏍᎬᎾ ᏂᏗᎥ
ᎡᏗᎸᏉᏕᏍᏗ.

HYMN 105. L. M.

"'Twas on that dark"

1 ᎾᏍᎩ ᎢᏳᎢ ᎡᏃᏱ
ᏥᏌ ᏣᏥᏳᏆᎡᎴᎢ
ᏐᏉ ᎦᏚ ᎤᎩᏎᎢ,
ᎠᎴ ᎤᏞᎵᏞᏤᎢ.

2 ᏐᏉ ᎤᏝᎭᎷᏰᎢ,
ᎠᎴ ᎯᎠ ᏄᏪᏎᎢ;
ᎯᎠ ᎠᏴ ᏥᏰᎸᎢ,
ᎢᏣᏞᎬᎭᎷᏰᎸᎯ.

3 ᎾᏍᎩ ᎢᏥᎩ, ᎢᏥᎦ,
ᎤᏞᏍᏘᏗᏃ ᎤᎩᏒ
ᎠᎴ ᎤᏞᎵᏞᏦᏅ
ᏐᏉ ᎯᎠ ᏄᏪᏎᎢ.

4 ᎯᎠ ᎠᏴ ᎠᎩᎩᎨ,
ᏴᎾ ᎨᎦᏤᏪᎸᎯ,
ᎾᏍᎩ ᎦᎨᏥᏁᏗᏱ
ᎤᏣᏘ ᎤᏂᏍᎦᏅᏨᎢ.

5 ᎢᏣᏗᏔ ᏂᏥᎥᎢ;
ᎠᎴ ᎾᏍᏉ ᏂᎪᎯᎸ
ᎾᏍᎩ ᏂᏣᏛᏁᎵᏍᏗ
ᎠᏴ ᏍᎩᏯᏅᏓᏗᏍᎬᎢ.

6 ᎾᏍᎩ ᏐᏉ ᏃᏣᏛᏁᎭ,
ᎦᎶᏁᏛ ᎢᏨᎨᏳᎢ,
ᏕᏣᏅᏓᏗ ᏣᏲᎱᏒᎢ,
ᎠᎴ ᏕᏨᏃᎩᏍᏗᎭ.

HYMN 106. 7s.

To be sung at meals.

1 ᎯᎦᏔᎵᏍᏗ ᎠᏂ
ᎦᏍᎩᏄ, ᏩᎬᎾᏳᎯ,
ᎠᎴ ᏂᎬᎾᏛᏁ
ᎡᏩᏄᏁᏗᏍᎬᎢ.

2 ᏂᎯᏁ ᏗᏓᎴᏂ
ᏦᏣᎭᏍᏓᏴᏗᏭ;
ᎠᎴ ᏅᏩᏘ ᎠᏴ
ᎢᏨᏒᎭᎡᎭᏉᏭ.

3 ᏧᏩᏓᏙᎭᏍᏗᏭ
ᏍᎩᏒᏛᎬᎦ, ᎠᎴ
ᎠᎭᏍᏓᏴᏗ ᏍᎩᎥᏏ
ᏙᎦᏙᏓᏊᎬᎢ.

4 ᏔᎭᏂᎪᎯᏍᏓᏃ
ᎾᏍᏁ ᏦᎦᏓᏅᏙ,
ᏂᎦᎥ ᏩᏕᎭᏍᎬ
ᎢᏲᎦᏛᏁᏗᏱ.

HYMN 107. S. M.

"My soul, be on thy guard."

1 Ꭷ, ᎯᏒᎾᏛᏥᏍᏗ,
ᎠᏆᏓᏅᏙᎩ;
ᏥᏩᏍᎦᎩ ᎤᏂᏩᏘ
ᏕᏥᏩᏕᎾᏍᏗ.

2 ᏝᏍᏗ ᎢᏄᎯᏳ
Ꮹ ᎭᏙᎯᏍᏔᏅᎩ;
ᏮᎭᎵᏍᏗ ᏂᎪᎯᏄ
ᏂᏲᎯᏍᏗᏍᎬᎾ.

3 Ꮹ. ᎭᏍᎦᏍᏙ.Ꮧ ᏝᏍᏗ
ᏙᎢ ᏗᏩᏛᎩ;
ᎦᏓᏎᎪᎩ ᎦᏳᏔ,
ᏝᏍᏗ ᏩᏛᏅᎩ.

4 ᎠᏏᏁ ᏭᎭᎵᏍᏗ,
ᏥᏩᏍᎦᎩᏰᏃ
ᏕᏥᏩᎦᏘᎴᏥᏍᏗ
ᎠᏎ ᏂᎪᎯᏄ.

5 ᎬᏂ ᎦᏄᏔᏗ
ᎾᎹᏨᏭ ᎩᏔ
ᏙᎯ ᏥᏩᏓ.ᏅᏓᏗᏍᏗ
ᏣᏁ ᏂᎪᎯᏄ.Ꭲ.

HYMN 108. 6, 4, 7

"There is a happy land."

1 ᏙᎯ ᏗᏥᎡᎢ
ᏗᏓᏁᏄ,
ᏗᎾᎭᎵᎭᎬ.Ꭲ
ᎤᎾᏓ.ᏅᏘ.
ᏂᎦ ᎤᏬᏕᎯ.Ᏻ
ᎾᏂᏊᏭ ᎾᏣᏂ,

ᏓᏂᏃᎩᏯ [illegible]
ᏚᏬᏁᏛ.

2 ᏙᎯ ᏗᎨᏒᎢ
ᏅᏗᎹᎩ;
ᏅᏩᏙᎯᏍᏛ
ᎢᎩᏪᏎ.
ᎾᏞ ᏕᏎᏔᏗ
ᏅᏓᏟᏢᏟᎨᏍᏗ
ᏂᏗᏍᏕᏅᎬᎾ
ᏂᎪᎯᏎ.

3 Ꮩ • ᏗᎨᏒᎢ
ᏅᏗᎹᎩ;
ᎦᎾᏓᎨᏳᏉ
ᎾᏞ ᎠᏁ.Ꭿ;
ᎾᏞ ᏅᏗᎹᎩ,
ᏝᏍᏗ ᎢᏣᏙᎯᏛ.Ꭹ.
ᎾᏞ ᏅᏍᏢᏍᏗ
ᏂᎪᎯᏎ.

HYMN 109. C. M.

"There is a fountain."

1 ᏕᏎᎪᏕ ᎠᏂᏍᏕᎾ
ᎤᎾᏓᏬᏍᏗᏱ,
ᎾᏞ ᎤᎾᏙᏳᏅ Ꮏ.Ꮐ
ᎤᏂᏍᏕᏅᏨᎢ.

2 ᎨᏌᏋᏃ ᏕᏩᏁᏛ
Ꭹ.Ꭼ ᎤᏤᏬᏤᏅ.Ꭲ,

ᏅᏍᎩ ᎤᎩᎬ ᎾᏂᎥ
ᎤᏂᏅᏕᏟᏍᎩ.

3 ᏫᏲᎱᏍᏗᎨ ᎤᏍᏕᏅᏨ.Ꭿ
ᎠᏓᏅᏌᏜᏍᎩ
ᎤᏢᏢᏢᏤ ᎤᎪᏜ
ᏅᏍᎩ ᏕᏎᎪᎬ

4 ᏅᏍᏘ ᎠᏴ ᏥᏍᏕᎾᎢ
ᎾᏞ ᏕᏎᎪᎬ
ᏂᎯᎩ ᏕᏢᎡᏢᎬ
ᏕᏙᏳᏅᎢᏕ.

5 ᎢᎬᏩᏩ ᎠᎩᎪᏜ
ᏅᏍᎩ ᏕᏎᎪᎬ
ᏅᏗᎬᏩᏓᏅᏅᏛ
ᏚᏥᏃᎩᏍᎪᎢ.

6 ᎤᎩᎬ ᏧᏤᏬᏤᏅ.Ꭲ
ᏥᏌ ᏕᏩᏁᏛ
ᏥᏲᎤᏒᏉ ᎬᏗᏍᎩ
ᏚᏥᏃᎩᏍᏗᏉ.

7 ᎠᏅ ᏦᏒ ᏅᏥᎹᏣ.Ꮙ
ᏚᏥᏃᎩᏍᎬᎢ
ᎤᏨ ᎤᏢᏢᏢᏍᏗᏳ
ᎠᏆᏓᏅᏖᏍᏗ.

HYMN 110. L. M.

The Bible.

1 ᎦᏄᏣᎢ ᎬᏂᎨᏒ
ᏥᎬᏁ ᎤᏁᎳᏅᎯ
ᎤᎵᏂᎩᏗᏳ ᎨᏒᎢ,
ᎠᎴ ᎦᏄᏍᏗ·Ᏻ ᎨᏒᎢ.

2 ᎠᏎᏃ ᎣᏍᏛ ᎪᏪᎵ
ᎤᏤᎵᎦ ᎤᏟᎯᏳ
ᎬᏂᎨᏒ ᏂᎬᏁᎭ
ᏄᏍᏛ ᏭᎨᏩ ᎡᎲᎢ.

3 ᎠᎴ ᎾᏍᎩ ᏫᏃᏈᏛ
ᎢᎦᏎᏈᎭ ᏅᏃᎯ
ᎦᏄᎳᏗ ᏫᎦᏅᏅ
ᏅᏩᏙᎯᏍᏛ ᏦᏒ.Ꭲ.

4 ᎠᎴ ᏫᏃᏈᎭ ᏥᎵᏌ
ᎢᎩᏲᎱᎯᏎᏄᎢ,
ᎠᎴ ᎡᎩᏙᎵᏍᏗᏑ
ᏂᎦᏛ ᎢᎩᏍᎦᏅᏨ.Ꭲ.

5 ᎠᎩᎨᏳ ᏫᏃᏈᏛ
ᏣᏤᎵ, ᎠᏆᏁᎳᏅ·Ꭿ,
ᎠᎴ ᎨᏍᎵᎡᎵᏙ·Ꭽ
ᎾᏍᎩ ᏥᏍᏆᏛᎪᎳᏅ.

6 ᏧᏙᎵᎩ ᏩᏁᏨᎢ
ᎠᏏ ᎾᏂᎦᏔᎲᎾ.

ᎠᎴ ᎪᏪᎵ ᏣᏤᎵ
ᏝᏴᏳ ᏩᏂᎪᏩᏛ.

HYMN 111. C. M.

1 ᏦᏏ. Ꮒ ᏅᏪᏴ ᏥᏙᏕ,
ᏫᏗᎦᎦᏂᎭ,
ᎨᎾᏂ ᎠᏆᏙᎵᎦ
ᏗᏍᏆᏂᎪᏛᎢ.
ᏝᏰᏃ ᎡᎶᎯ
ᎠᏪᏅᏒ ᏐᎩ,
ᏩᏆᏕᏗ. Ꮠ ᏂᎪᎯᏄ
ᏗᎪᏢ ᎦᏄᏣ.Ꭿ.

2 ᎤᏣᏘ ᎣᏍᏛ ᏗᎨᏒ
ᏫᏥᎪᏩᏘᎭ,
ᎤᏬᏚᎯ ᏗᏫᏒᏅ,
ᎠᎴ ᏙᏧᏪᏴ.

3 ᏥᎨᎾᏛ ᏗᎦᎵᏍᎬ
ᎢᎦ ᏫᎾᏍᏛᎾ:
ᎦᏩᏁᏛ ᎾᏞ ᏤᎲ,
Ꭴ. ᎵᏏᎩ ᏁᎲᎾ.

4 ᎾᏞ ᎤᏴᏢ ᎤᏃᎴ
ᏫᏁᎲᎾ ᎨᏒ.Ꭲ
ᎥᏳᎩ ᎠᏲᎱᏍᎩᏃ
ᏄᎾᏰᎯᏍᏛᎾ.

5 ᎯᎳᎩᏳ ᏑᎨᎡᏍᏗ
ᏦᏒ ᏗᎨᏒᎢ,
ᎾᎿ ᎡᏙᏓ ᏆᏛᎢ,
ᏩᏆ. ᏝᏙᎯᏍᏕᏍᏗ.

6 ᎡᎶᎯ ᏴᎬᏆᏚᏅ.
ᏥᏅᏧᏬᏚᏲ,
ᏦᏓ. Ꮒ ᏰᎦᏝᏔᏚᏍ
ᏂᏥᎾᎦᏍᎬᎾ.

HYMN 112. 11, 12.

The Chariot, the Chariot, its wheels roll in fire.

1 ᏓᏆᎣᎷ ᎠᏓᎿᏩ ᏆᏙᎯ
ᎠᏥᏄᏜ ᏓᏓᏓᏆᎣᎷᏁᎦ,
ᏱᎰᏩ ᏧᏦᏗ ᎤᏩᏒᏭ ᏒᎩ,
ᎤᏬᎩᎳ ᎤᏅᏅ ᎠᎢ ᏱᎰᏩ.

2 ᎦᏄᏭᏗᏳ ᎬᏓᏇᎳᎩᏍᎩ
ᏚᏝᏚᏫᏍᏗ. ᎤᎾᏧᏡᏍᏙᏒᎯ
ᎠᏂᏓᏇ ᏕᎬᏩᏫᎿᏩᏗᏙ. Ᏺ,
ᏥᏌᏃ ᎤᏂᏍᏛᏛ. Ꭿ ᏗᎨᏥᏄᎯ.

3 . Ꭰ ᏆᎷᎩ ᎤᎾᏛᎦᏅ ᏂᎦᏗ,
ᏓᏆᏝᏍᏛ ᏓᏝᏖᏄᎾ ᏲᏫᏂ,
ᎡᎶᎯ ᏫᏓᏍᏛ ᎠᎣ ᎠᏲᏭᎯ
ᏗᏁᎦ ᏂᎦᏗ ᏧᎾᎣᏅ. Ꭿ ᏴᏫ.

4 ᏗᏗᎪᏙᏗᏱ ᏓᎾᏚᏫᏍᏓ.
ᏗᎦᏄᏭᏗ ᏗᎦᏍᎩᎳᏙᏅᎯ
ᎠᏫ ᎠᎩᎾ ᎤᎾᏓᏂᏝᎨᏃ
ᏧᏁᎬᏲ ᏧᎾᏄᏫ ᏓᎾᏡᎯ.

5 ᏱᎰᏩ, ᏄᎾᏧᏡᏍᏛ ᏂᎦᏗ,
ᏌᏭ ᎢᏗᏫᎿᏅ Ꭿ, ᏓᎪᏩᏗᏲ.

ᎧᏁᎩ ᎠᏥᏄᏜ ᏫᏓᎾᏌᏜ.Ꮙ
ᎧᏁᎩ ᏦᏒᎢ ᏫᏓᏂᏃᎩᎠ.

6 ᏩᏓᏙᎸᏩᏗ! ᎠᏴ ᏗᏤᏥ
ᎡᏗᏍᎩᏯᎦᎤᎦ, ᏍᎩᎨᏳᎥᎦ.
ᏥᏩᏍᎦᎩ ᎴᎸᏏᎬ ᏩᏂᏩᏒᏉ,
ᏍᎩᏯᏗᏴᏅ ᏦᏒ ᏗᏍᎩᏯᎤᏑ.Ꮙ

HYMN 113. L. M.

"Just as I am."

1 ᎾᏆᏍᏅᏉ ᎦᏥᏍᎦᏂ,
ᏩᎩᎬ ᎠᏆ. ᎸᏍᎦᏍᏙᏅ,
ᎠᎴ ᏍᎩᏯᏂᏍᎬ ᏥᏌ,
ᏫᎬᎷᏥ ᏫᎬᎷᏥ.

2 ᎾᏆᏍᏅᏉ ᏍᎩᏍᏕᎸᏍᎩ,
ᏂᏥᎦᏘᏗᏍᎬᎾᏃ,
ᏥᏍᎦᎤ ᎠᎩᏑᏍᏗᏜ,
ᏫᎬᎷᏥ ᏫᎬᎷᏥ.

3 ᎾᏆᏍᏅᏉ ᎠᎩᏲᎢ,
ᎬᏂᏅ ᎠᏆᏚᎸᏍᎬ,
ᎠᎴ ᏂᎦᎥᏉ, ᏥᏌ,
ᏫᎬᎷᏥ ᏫᎬᎷᏥ.

4 ᎾᏆᏍᏅᏉ ᎠᏎ ᏂᎯ,
ᏓᏍᎩᏙᎸᏥᏉ ᎠᏴ,
ᎠᎴ ᏍᎩᏍᏕᏄᏗ.Ꮬ ᏥᏌ,
ᏫᎬᎷᏥ ᏫᎬᎷᏥ,

5 ᎾᏆᏍᏛᏉ, ᏫᎾᏍᏛᎾ
ᏍᎩᎨᏫᎯ, ᏍᎩᏍᏕᏍᏛ,
ᎬᏜᏤᏝ ᎢᏫ. ᏝᏍᏉᏗ. Ᏹ,
ᎾᎬᎷᏥ ᏫᎬᎷᏥ.

HYMN 114. 7s.

"Rock of Ages.

1 ᏥᏋ ᏩᏝᏂᎩᏯ,
ᏗᏍᏆᏓᏂᏑᎩᏉ,
ᎠᎴ ᎦᏑᏉᏗᏩ
ᏪᏟᏅᎯ ᏩᎩᎬ,
ᏍᎩᏅᎦᏑᏓ ᏣᏉ,
ᎠᎴ ᎠᏐ ᏍᎩᏍᏕᏑ.
ᏇᎢᏱ ᏬᏥᎻᏟ. Ᏺ,
ᎦᏑᏩ ᏗᏦᏑᎢ,
ᏥᏌ ᏩᏝᏂᎩᏯ,
ᏕᏍᏆᏓᏂᏑᏟᏺ.

2 ᎢᏫᏃ ᏂᎪᎯᏑ
ᎠᏖ ᏗᏥᎦᏙᏝ
ᏱᏕᎦ, ᎠᎴ ᎾᏍᏉ,
ᏧᏍᏛ ᏱᏂᎦᏛᏁ. Ᏺ,
ᏂᎦᏛ ᎠᏐᏉᏉ,
ᏏᏉ ᏥᏍᎦᎾ ᏱᎩ.

3 ᏂᎯᏍᎩᏂ ᏟᏒᎯ,
ᏥᏌ ᎨᏍᎩᏍᏕᏑᏗ;
ᏂᎯ ᏩᏀᎱᏒᎢ,
ᎦᏝᏍᎦᏍᏉᏗᏍᎬᎢ,
ᏥᎻᎩ, ᏕᏥᏂᏴ,
ᎨᏯ ᎡᏩᏯᏅᎢ.

4 ᎨᎯᎢ ᏂᎪᎯᏑ. Ꭲ,
ᎠᎴ ᏥᏀᏅᏒᏺ,

HYMN 115. L. M

The Eternal Sabbath.

1 ᏱᎨᏩ ᏩᏤᏝ ᎢᎦ,
ᎠᏩᏯᏇᏑᏍᏉᏗᏱ,
ᎤᏝᏍᎨᏯ ᎠᎴ ᏧᏍᏛ
ᎠᎩᏆᏑᏐᏍᏗ ᎠᏴ

2 ᎠᏐᏃ ᏗᏍᏆᏂᎪᏗ,
ᎤᏨ ᎢᏲᏍᏛ ᎦᏑᏩ,
ᎠᏩᏯᏇᏑᏍᏉᏗᏱ,
ᎡᏉᏓ ᎤᏤᏝᎪᎯ.

3 ᎾᏣᏂ ᏧᏜᏯᎢᏍᏗ,
ᎠᎴ ᎠᏍᎦᏂ ᏁᎲᎾ,
ᎠᎴᏅ ᎠᏲᎱᎯᏍᏗ,
ᎤᏫᏓᏅᏘ ᏩᏁᎲ. Ꭲ.

4 ᏄᏫᏆᎯᏍᏛᏫ ᎾᏣ,
ᎥᏫᏯ ᎠᎴ ᎤᏳᏒᏘ.

ᎾᏫᏕᏯᏙᏗᏍᎨᏫ,
ᎰᏎᏍᏗ ᏂᏁᎯᏄᎢ.

5 ᎡᏃᏜ ᏄᏗᎰᎡᎾ,
ᏄᏙ ᏫᎵᏏᏬᏍᎨᏫ,
ᎢᏕᏍᎩᏂ ᏚᏄᏌᏓ,
ᏥᎪᎯᏄᎢ ᏫᏖᏂ.

6 ᏬᏚᏄᏗ ᏫᏍᎩ ᎢᏕ,
ᏞᎩᏇᎲ ᏂᎪᏩᏛ,
ᎠᏃ ᏞᎩ ᏫᏂᎹᎩ,
ᎠᎩᎵᏯ ᏄᏤᏬᏫ.

4 ᏥᎯᏃ ᎢᏂᏍᏕᏫᎢ,
ᏥᎬᎯᏳᎡᎾ ᏂᎩ,
ᏤᏣᏕᏄ ᎢᏂᏙᏓ,
ᎡᏣᏓᏙᎵᏍᏓᏏᏃ.

HYMN 117. C. M.

"Come Holy Spirit."

1 ᎡᏣᏄᏛᏗ. Ᏻ ᎠᏓ:ᏄᏙ,
ᏕᏄᏩ.Ꮧ ᏋᎯ,
ᎦᎩᏫᏫᏜ ᎯᏰᏲ,
ᎾᏣ ᏲᏁᏩᏓ.

2 ᎦᏕᎵᏂᎪᎯᏍᏗᏍᎩ
ᎡᏂᏛ, ᎯᏂᏕ,
ᎠᏓᎨᏳᏗ ᏣᏤᎵ,
ᏗᏍᎩᎤᎵᎢᏍᏓ.

3 ᏲᏕᏌᏯᏍᏓ ᏄᏍᏛᏛ
ᎠᏂ ᎣᏤᏬᎢ,
ᏥᎩᏄᏛᏗᏳ ᏂᎩ,
ᎠᏍᏕᏫ ᏬᏂᏃ.

4 ᎦᏕᏓ. ᏄᏙ ᎨᏝ ᏊᎵ
ᏜᏫᏙᏕᎹᎩ,
ᎠᎵᏋᎵᏍᏗ ᏗᎰᎡ,
ᏕᏄᏩᏗ ᎧᎡ. Ꭲ.

5 ᎠᏎᏛ ᏜᏃᏂᏪᏲ,
ᏙᏂᏃᎩᏍᎬᎢ,

HYMN 116. L. M.

Being of God.

1 ᏥᎬᏫᏛ ᎤᏃᏬᏍᏕ,
ᏬᏁᏩᏄᎯ ᎡᏬᎢ;
ᏕᏄᎶᎢ ᎡᏣᎯᏃ,
ᎠᏃ ᎠᏔᏛᎯ ᏫᏍᏛ.

2 ᏄᏙ ᏫᏍᏛ ᏓᎤᏄᎩ,
ᏬᏬᏌᎯ ᎢᏕ ᎡᎯ,
ᏕᏄᏛᏗ. Ᏻ ᏂᎬᏁᏲ,
ᏚᏙᎥ ᏬᏬᎿᏄᎯ.

3 ᎾᏍᏛ ᎠᏂᏄᏄᎥᏍᎩ,
ᏧᏬᏌᎯ ᏬᏧᏰᏍᏗ,
ᎠᏃ ᏂᏍᎪᏜ ᏧᎾᏍᏗ,
ᎨᏣᏄᏛᏗ. Ᏺ ᏜᎰᏣ.

ᎠᎴ ᎢᏨᏄᎭᏗᏍᎬᎢ,
ᏁᏙᎲᎾ ᏱᎩ.

6 ᏅᏩᏍᏕᏍᏗᎭᎨ ᎿᎭ,
ᏦᏚᏓᏅᏙᎩ,
ᏧᏏᎱᏒ ᎢᏚᏚᎸ,
ᎠᎴ ᏧᏴᏟᏳ.

7 ᏕᏄᎭᏗᏳ ᎠᏓᏅᏙ,
ᏕᏄᎳᏗ ᎮᎯ,
ᏂᏬ ᎠᏥᏳᏗ ᎨᏒ,
ᏗᏍᎩᏫᏝᎢᏍᏓ.

HYMN 118. C. M.

Morning Hymn.

1 ᏅᏙ ᎬᏩᏔᎷᎩᏍᎩ,
ᏓᏚᎾᏄᎪᎢ,
ᏂᏚᏗᏳ ᏗᏅᏃᎸ,
ᎠᎾᏝᎮᏝᏚ.
[ᏅᎯ,

2 ᎠᏴ ᎾᏍᎭ ᏍᏆᏁᏔ-
ᏍᎩᎭᏆᏂᎪᏗᏍᎩ,
ᎿᎭ ᎬᏜᏝᏒᏝᏤ,
ᎪᎯ ᏰᎾᏧᎢ.

3 ᏂᎯ ᏍᎩᎭᏆᏂᎪᏔᏅ-
ᏒᏃᏱ ᏥᏝᎲ.Ꭲ,
ᏅᏩᏙᎯᏜᎸ ᎿᎭ
ᎠᎩᎩᏨᎲᏚ.

4 ᎶᏓᏙᏝᎶᏘ ᏂᎯ,
ᏕᎬᏜᏚᏂᏛ,
ᏍᏆᎯᏂᏓ ᎪᎯ, ᎠᎴ
ᎡᎶᎯ ᏚᎢᏒᎢ.

5 ᎠᏂᏃ ᏥᎶᏐᏅᏛ,
ᏅᏙ ᎾᏍᎩᏜᎢ,
ᎠᏴ ᎬᎩᏔᎷᏍᎩ
ᎨᏎᏍᏗ ᏦᏒᎢ.

HYMN 119. L. M.

Heavenly Home.

1 ᎤᏬᎦᏛ ᏗᏬᏅᏒ,
ᎠᎩᏝᏜ ᏄᏬᎲᎾ,
ᏅᏙ ᎠᏥᎪᎾᎸᏗ
ᏄᏁᎩᏴ ᎠᏓᏁᏄ.Ꭲ.

ᏗᏬᏅᏒ ᎧᏥᏚᎯ,
ᏔᏝᏁ ᏴᏚᏥᏏᎤ.Ꭿ.
ᎿᎭ ᎠᏎ ᎧᏥᏚᎯ,
ᏔᏝᏁ ᏴᏚᏥᏏᎤ.Ꭿ.

2 ᏃᏉᏏ ᎦᎪᎾᎸᏗ,
ᎡᏙᏙᏱ ᏗᏬᏅᏒ.Ꭲ,
ᏚᏄᎳᏗᏳ ᎨᏒᎢ;
ᎾᎿ ᏝᎩ ᎧᏥᎷᎩ.
ᏗᏬᏅᏒ ᎧᏥᏚᎯ, —

3 ᏩᎾᏁᏍᎬᏝ ᎡᎶᎯ,
ᎠᎪᎲᏍᎩ, ᎠᏏᎩᏃ,

ᎠᏴᏍᎩᏂ ᎦᏰᏌᎩ
ᎦᏄᏩ ᏣᏗᏏᏁᏄ.
ᏗᏪᏅᏒ ᎾᏥᎦᏘ,—

4 ᏩᏓᎾᎯᏍᏏ ᎡᏩᎯ,
ᏅᏙᏃ ᏩᏂᏍᎪᏄᎩ,
ᎠᎴ ᏂᎦᏗ ᎪᎵᏅᎯ,
ᏗᏪᏅᏒ ᏴᎬᏦᎩ

ᎡᏍᎦᏉ ᏄᏓᎴᏒᎢ
ᎠᏍᎦᏂ ᎨᏒᎢ.

5 ᎾᏞᏉ ᎨᎡᏍᏗ
ᏥᏄᏉᏗᏍᎨᏍᏗ
ᏥᏌ ᎠᏆᏁᎳᏅᎯ,
ᏞᏉ ᏂᎪᎯᏄ.Ꭲ.

HYMN 120. S. M.

"Welcome, sweet day."

1 ᏬᏓᏛᏓᏍᏗᏳ
ᎪᎯ ᎢᎦ ᏥᎩ,
ᏬᎬᎾᏳ.Ꭿ ᎢᎦᏤᏓ
ᎾᎯᏳ ᏚᎴᏅ.Ꭲ.

2 ᏬᎬᎾᏳ.Ꭿ ᎪᎯ,
ᎾᎥᎢ ᎦᎷᎦ,
ᏕᎨᏩᎭ ᏧᏤᏓᎦ
ᎬᏬᎯᏳᏝᏍᎩ.

3 ᎾᏍᎩ ᎠᎦᏔᎲ.Ꭲ,
ᏕᏗᏃᎩᏍᎨᏍᏗ,
Ꭱ.ᏆᏄᏉᏗᏍᎨᏍᏗᏃ
ᎡᏆᎨᏳ.Ꭲ ᏥᏌ

4 ᎾᏞ ᏬᏭᏙᏄ
ᏬᏟᎯᏳ ᏃᎯ,

HYMN 121. C. M

"How precious is the book divine."

1 ᏂᎦᎥ ᎦᏄᏉᏗᏳ,
ᎲᏥᏩ ᏧᏤᏓ
ᎪᏭᏓ ᏅᏩᏘ ᏦᏍᏛ
ᏤᎩᏅᏁᏄᎯ.

2 ᎢᎦ ᎢᎦᏘᏍᏟᏁᎭ,
ᎠᏂ ᏬᏓᏏᎬᎢ,
ᎠᎴ ᏕᎩᏫᏓᏍᏟᏗ
ᏕᎦᏟᏅᏒᎢ.

3 ᏬᏭᏓᎯᏍᏗ ᎢᏕᏑ,
ᏕᎦᏘᏂᏙᎭ,
ᏬᏓᏛᏓᏍᏗ ᏣᏍᏒᏃ
ᎢᎦᏟ.ᏅᏟᏗᏍᏗ.

4 ᏍᎩᏯᏁᎳᏅᎯ ᎾᏍᎩ
ᎢᎦ-ᎦᏘ ᏣᏍᏛ
ᏙᎦᏘᏂᏎᏍᏗ ᎠᏂ
ᏦᏒ ᎾᎦᎷᎩ.

HYMN 122. S. M.

"Not all the blood of beasts"—

1 ᎥᏝ ᏂᎦᎥᏛ
ᎤᏂᎩᎬ ᎨᏒ,
ᏰᎱ ᏴᎬᎩᏅᎦᏄ,
ᏥᏍᎦᎾ ᎨᏒ.Ꭲ.

2 ᎦᏣᏁᎸᎩᏂ
ᎤᎩᎬ ᎤᏩᏒ.Ꭿ,
ᎤᏟᎯ ᎢᎦᏄᏛᏗ
ᎠᎩᏅᎦᎱᏬ.

3 ᏂᎯ ᎦᏣᏁᎸ,
ᏕᎬᏍᏏᏔᏗ,
ᎠᎴ ᏥᏍᎦᎾᎯ ᎨᏒ
ᎬᎾᏄᎪᏫᏎᏬ.

4 ᎠᎴ ᎦᏅᏓᏗᏬ,
ᏣᎩᎱᏂᏟᎢ,
Ꭸ· ᎸᏓᏓᏏᏣᏍᎸᎢ
ᎠᏴ ᏍᎩᏍᏕᎱᏍᎬ Ꭲ.

5 ᎪᎯᏩᏗ ᎬᏗ,
ᎢᏏᎱᎵᎱᎦ,
ᎠᎴ ᏕᏗᏃᎩᏍᏗᏬ
ᎢᎦᎫᏴᏜᎯ.

HYMN 123. L. M.

"Awake, my soul, to joyful lays."

1 Ꭷ, ᏏᏛ ᎠᏆᏓᏅᏙ
ᏣᏗᏯᏍᎩ ᎯᏄᏛᏏ,
ᏫᎾᏍᎸᎾ ᏣᎨᏩᎯ
ᏥᎱᏴ, ᏏᏛ ᎯᏄᏛᏏ.
ᏣᎨᏩᎯ, ᏣᎨᏩᎯ,
ᏣᎨᏩᎯ, ᎯᏄᏛᏏ.

2 ᎤᏂᏍᎸᏛ ᎾᏆᎸᏅ,
ᎠᏆᎴᎾᏄ ᏥᏅᎬ.Ꭲ,
ᎾᏍᎩ ᎠᏇᏓᎴᏒᎩ.
ᎠᎴ ᎠᎩᏍᏕᏄᏜᎩ.
Ꭷ, ᏏᏛ ᎠᏆᏓᏅᏙ,
ᏣᎨᏩᎯ ᎯᏄᏛᏏ.

3 ᎠᏂᎦᏍᎩ ᎤᏂᏣᏗ,
ᎠᏍᎩᎾ ᎠᎴ ᎡᏣᎯ
ᏯᏗᎬᎩᎦᏗᎴᏅ,
ᎠᏏᏛ ᏍᎩᏍᏕᎱᏬ.
Ꭷ, ᏏᏛ ᎠᏆᏓᏅᏙ,
ᏣᎨᏩᎯ ᎯᏄᏛᏏ.

4 ᎤᏕᏍᏙᏗᏃ ᎨᏒ
ᏍᏆᏓᏟᏌᏗ ᎠᏂ,
ᎠᏏᏛ ᎾᎥ ᎦᏙᎯ.Ꭲ,
ᎥᏝ ᏯᏓᎩᏂᏍᎪᎢ.
Ꭷ, ᏏᏛ ᎠᏆᏓᏅᏙ,
ᏣᎨᏩᎯ ᎯᏄᏛᏏ.

5 ᏯᏃᎩ ᏥᏰᎨᏫᏍᎪ
ᎤᏓᏅᏘ ᎦᏩᏁᏛ,
ᎤᏩᏒᏍᎩᏂ ᎾᎲᎪ
ᎥᏝ ᏯᏋᎨᏫᏍᎪᎢ.
Ꭳ, ᎿᏉ ᎠᏆᏓᏅᏙ,
ᏣᎨᏳᎯ ᎯᎸᏉᏓ.

6 ᏂᎪᎯᎸᎾᏉ ᎿᏉ
ᎠᎩᏩᎭᏁᏍᏗ ᎠᏂ,
ᎦᏥᎲᎤᏍᎩ ᎠᏗᎾ,
ᏥᎸᏉᏗᏍᎨᏍᏗ ᏥᏌ,
Ꭳ, ᎿᏉ ᎠᏆᏓᏅᏙ,
ᏣᎨᏳᎯ ᎯᎸᏉᏓ.

HYMN 124. L. M.

"As when the weary traveler"—

1 ᎡᏙᎯ ᎠᏂ ᎡᏩᎯ,
ᎤᎾᏫ ᏧᏬᏝᏍᏙᏍᎪ.Ꭲ
ᏧᏭᏅᏒ ᏩᎪᏩᏛ,
ᎢᏅᎯᏳ ᎾᏍᏉ ᏱᎩ.

2 ᎾᏍᎩᏯ ᎠᏴ ᎦᎸᏩ
ᏗᏇᏅᏒ ᏥᎪᏩᏛ,
ᎠᎩᏬᏝᏍᏓᏗᏍᎪᎢ,
ᎠᏆᏚᏝᏍᎪ ᎾᎿᏂ.

3 ᏥᏌ ᏭᏑ ᏫᎨᏒᏍᏗ,
ᎢᎦ ᏙᏧᎸᏌᏛᎢ,
ᎠᎩᏢᏯ ᎠᎴ ᎤᎲ,
ᏫᎾᏁᏑᎾ ᎨᏒᎢ.

4 ᏗᎦᏌᏬᏍᏗᏃ ᎨᏒ,
ᎠᎴᏬ ᎠᎲᎱᎯᏍᏗ,
Ꮭ ᏯᏁᏢᏍᏗ ᎾᎿᏂ,
ᏥᏌᏰᏃ ᏓᎨᎯᏛ.

HYMN 125. 6, 4, 7

There is a happy land

1 ᎦᎸᎳᏗ, ᏦᏒ
ᏗᎨᏅᏒ.Ꭲ,
ᏧᏬᏚᎯ ᎾᎿ
ᏓᏓᏁᎸ—
Ꮭ ᏰᏓᎪᎯᏥ,
ᏫᏕᏢᏍᏗ ᏦᏒᎢ,
ᎢᎩᏙᏓ ᏭᏑ
ᏫᏕᏢᏍᏗ.

2 ᎦᎨᎳᏗ ᏦᏒ
ᏗᎨᏅᏒ.Ꭲ,
Ꮈ ᏝᏢᏝᏍᏕᏍᏗ,
ᏫᏗᎷᏨ.Ꭽ—
ᎦᏩᏁᏛ ᎾᎿ,
ᎡᏗᎪᏩᏘᏍᎨᏍᏗ,
ᎠᎴ ᎢᏧᎳᎭ,
ᎢᏕᏢᏍᏗ.

3 ᎦᎸᎳᏗ ᏦᏒ
ᏗᎨᏅᏒ.Ꭲ,
ᎠᏍᎩᎾ ᎤᎲᏃ
ᎾᏁᏑᎾ—
ᎠᎲᎱᎯᏍᏗᏃ

ᏔᎵᏁ ᎢᏯᎯᏳ,
ᏂᏗᎦᏔᎲᎾ
ᎢᎦᎵᎢ.

4 ᏗᎦᏓᎨᏳᎯ
ᏫᏕᏲᏍᏗ,
ᎤᏩᏙᎯᏳᏒ
ᏘᎨᏒᎢ,
ᎾᏖ ᎢᎦᎵᎢ,
ᎢᏯᎯᏳ ᏔᎵᏁ
ᏗᎦᎦᏛᎤᏗ
ᏂᎨᏒᎾ.

5 ᎦᏯᏔᏗ ᏦᏒ
ᏗᎨᎤᏒ.Ꭲ,
ᏥᏴ ᎦᏡᏁᏒ
ᏗᏍᏕᎵᏍᎩ,
ᏓᏂᏃᎩᏍᏗᏕᎾ,
ᎾᏂᎮᎵᎪᎬᎾ
ᏒᏃᏑ ᎢᎦᏃ
ᏂᎪᎯᏯ.Ꭲ

HYMN 126. C. M.

New Year's Hymn.

1 ᏓᎩ ᏕᎦᏬᏋᏂᏍᎦ
ᏓᏕᏆᏑᏍᎬᎢ;
ᎬᏂᏳᏉ ᏤᏉ ᎢᏤ
ᎢᎦᏕᏆᏑᏕ.

2 ᎢᏤ ᎢᎦᏕᏆᏑᏍᏓ

ᎢᏓᎵᏲᎵᎩ,
ᎠᏰᎦᏃ ᏂᏗᎥᎢ
ᎡᎩᏙᎵᏣᏛ.

3 ᎤᏁᏔᏅ.ᎯᎤᏩᏒᎯ
ᎢᏳᏩᏂᏌᏛ,
ᎪᎯ ᎤᏩᏙᎯᏳᏒ
ᏥᏓᏛᏂᏙᏕ.

4 ᏗᏗᎨᏳᎯ ᏥᎨᏒ
ᎡᏆ ᏩᏁᎲᎩ,
ᎡᏝᏪᏉ ᎠᏂᎵᎾ.Ꭰ
ᏗᏓᏂᏆᏗᏜ.

5 ᎢᎦᏛ, ᏯᎵᏲᎵᏍᏗ
ᏦᏒᎢ ᏩᏁᏕ,
Ꭴ.ᎵᏍᏆᏗᏍᏗ ᏂᎨᏒᎾ
ᏑᎾᎵᏙᎯᏍᏗ.

6 ᎢᎦᏛᏃ, ᎤᏂᏍᏛᏉ,
ᏧᏂᏢ ᏩᏁᏕ,
Ꭴ.ᎵᏍᏆᏗᏍᏗ ᏂᎨᏒᎾ,
ᏩᏂᎩᎵᏂᎦ.

HYMN 127. 8, 6, 10

1 ᏃᎯ ᏗᎦᏓᎨᏳᎯ,
ᎡᏩᎯ ᏥᏕᏕ,
ᎠᏎ.Ꮓ ᏗᎦᎦᏛᎤᏗ
ᏂᎪᎯᏯᎾᏉ.

ᎤᎵᎮᎵᏍᏗᏳ ᏦᎡ, ᏦᎡ,
ᎤᎵᎮᎵᏍᏗᏳ
ᏂᎪᎯᎸᎾᏉ,
ᎨᎾᏂ ᏦᎡᎢ,
ᎬᏂᏛ ᏗᎧᏃᎩᏛ
ᏕᏗᏃᎩᏍᎨᏍᏗ.

2 ᎠᏎ. Ꮓ ᎤᏟᎯ ᏃᏎᏍᏗ
ᎾᏉ ᏕᏗᎪᏩ,
ᎦᎶᏁᏛ ᏧᏍᏕᎸᏛ
ᏓᏯᏂᏙᏩᎢ.

ᎤᎵᎮᎵᏍᏗᏳ ᏦᎡ, ᏦᎡ,
ᎤᎵᎮᎵᏍᏗᏳ
ᏂᎪᎯᎸᎾᏉ,
ᎠᏎ ᏛᏍᏆᎸᎯ
ᎠᎵᎮᎵᏍᏗ ᎬᏂᏛ,
ᏌᏊᏂ ᏦᏓᎸ.

3 ᎤᏁᏨ ᏥᏃᎶᏛᏁ.Ꮳ
ᏗᏍᎩᏯᏓᏂᎸᏥᏏ,
ᎾᏉ ᎯᏅᎵ ᏩᏓ.ᏅᏙ,
ᏙᎦᏓ.ᏅᏛ ᏩᏕᏩᎦ.

4 ᎣᏆᏩᎢ ᏫᏓᏛᏯ,
ᎠᏍᎦᏂ ᎠᏴ ᎠᏍᎩᎾ,
ᎣᏒ ᏙᎦᏯᏂᏎᏍᏗ
ᏗᏦᎸ ᏦᎡ ᎬᏗᏍᎩ.

5 Ꭷ, ᎦᎸᏉᏗ ᎠᏓ.ᏅᏙ
ᏗᏓᏬᏍᏗ Ꭲ.Ꭷ ᏯᏍᏓ,
ᏗᏍᎩᏇᏥᏩ ᏧᏬᏚ.Ꭿ
ᏥᏌ ᏦᏥᏃᎩᏍᏙᏗ.

HYMN 128. L. M.

Baptism.

1 ᎤᎬᏫᏳᎯ ᎬᏂᏛ
ᏦᏓᏂ ᎠᎦᏬᎡᎢ,
ᏧᏚᎩᎡᏃ, ᏐᏈᏩ
ᏣᏁᏆ ᎯᎸᏉᏔᏁ.Ꭲ.

2 ᏙᏥ ᎠᏥᏂᏌᏅᎢ
ᎾᏍᎩᏯ ᏙᏥᏃᏰᎦ,
ᎾᏍᎦᏅᎾ ᎤᎦᏕᏗ,
ᎾᏉ ᏙᏣᏴᏩᏍᎨᏍᏗ.

HYMN 129. L. M.

The Great Commission.
Happy Day.

1 ᎡᎶᎯ ᏫᏥᏃᏩᎵ
ᏴᏫ ᎦᏥᏯᏧᏰᏩ.Ꭲ,
ᏣᏛᏁᎢ ᎦᎶᏁᏛ
ᎣᏥᏍᎦᎾ ᏍᎩᎨᏳᎢ.

ᎤᏬᏚᎯ ᎢᎦ
ᏥᏍᎦᏅ ᎥᏉᎯᏴᎥ;
ᏥᏌᏃ ᏥᏯᏆᎵᎦ
ᎾᎦᏁᎸ ᏥᎸᏉᏗ.Ꮳ

2 ᎪᎯᏳᏗᏍᎩ, ᎤᏙᏓ
ᎤᏪᏥᏃ, ᎠᏓ.ᏅᏙᏃ

ᏚᏙᏍᏛ ᎠᎦᏬᏍᎨᏍᏗ
ᎾᏍᎩ ᏓᏰᏥᏍᏕᏍᏗ.
ᎤᏬᏚᎯ ᎢᎦ—

3 ᎩᎶ ᏄᏬᎯᏳᏅᎾ
ᎠᎨᏍᎦᎢᏍᏗ ᎨᏎᏍᏗ;
ᎠᏴ ᎢᏨᏒᏅᏩᏍᏗ
ᎡᏆᎯ ᎬᏞᏍᏆᏗᏍᎩ
ᎤᏬᏚᎯ ᎢᎦ—

4 ᎪᎯ ᏕᏅᏩᏓᏬᎠ
ᏩᏁᏨ ᏅᎨᏄᏫᏗ.Ꮻ
ᏭᎩᏍᏕᎸᏍᎩ ᎯᎷᎨᎦ
ᏩᏓ.ᏅᏙ ᏗᏍᎩᏯᏬᏍᏓ.
ᎤᏬᏚᎯ ᎢᎦ—

HYMN 130. C.M.

"And let this feeble body fail."

1 ᎰᏋᏄ ᏩᏲᎱᎯᏛ,
ᎠᏆᏓᏅᏙᏃ
ᎾᏍᏲᎯ ᏗᏴᏞᏍᏗ
ᎠᏂ ᎡᏆ.Ꭿ ᎨᎡ.Ꭲ;
ᎦᏄᏩ ᏩᏞᏫᏛᏓ;
ᏦᎡᎢ ᏩᏩᏛ
ᎠᏩᏯᏐᏄᏍᏙᏗᏅ
ᎾᏍᎩ ᏧᏯᏞᎯ.Ꭰ.

ᎤᏍᎩ ᏩᏋᏔ
ᏧᏓᏤᏩᏛ ᎨᏂᏙ.Ꭰ
ᎦᏞᎡᏞᎬᏫᏛ.
ᎤᏁᎳᎩ ᎪᎯᏗᏣ
ᏅᎨᎩᏞᏲᎦ,
ᏛᎩᏄᏬ.ᎯᏍᏔᏂᏋᏃ
ᎰᏴ ᎦᎷᏨᏔ.

3 ᎦᏙ ᎠᎩᏁᏄ ᎰᏴ'
ᏕᎨᎪᏩᏗᏔ
ᎬᏂᏛ ᏚᏯᏴ ᏦᎡ,
ᏗᏤᏃ ᏕᏡᎬ;
ᎦᏄᏩ ᎠᏂᏫᏞᏛ
ᏧᏃᏚ ᏗᏓ.ᏅᏙ
ᎢᎦᎦᏘ ᏚᎾᏄᏩ
Ꮜ.ᎾᏓᏎᎪᎩᏛ.

4 ᎠᏎᏛ ᏂᎦᎥ ᎠᏂ
ᎡᎯᏍᏗ ᎨᎨᎠ,
ᎰᏴ ᏗᎨᏩᏄ.ᏛᏗᏍᎬ
Ᏻ̃ᏩᏆᏑᏔᏛ:
ᎾᏖ ᏅᎦᏧᏊᏍᏙᎡ
ᏗᏍᎩᏜᏧᏴᏛ
ᏕᏩᏔᏍᎬ ᏫᎾᏍᏛᎾ
ᏅᏕᏨᏃᎩᏍᏓ.
[Ꮑ.Ꮻ

5 ᏅᏏ.Ᏻ ᏅᎨᏩ ᎼᏍᎩ-
ᏅᏍᏛ ᎠᏓ ᏬᏲ.Ꭲ,
ᏙᎯᏛ ᎠᏓ ᎧᎯᏍᏗ

2 ᎾᏍᎩ Ꭰ.ᏞᏍᏚᏩ ᎬᏂᏛ ᏅᎨ Ꭰ ᎠᏂ ᎡᏆ.Ꭿ,

ᏧᏲ.Ꮹ ᎬᏅ ᏱᏍᎩᎩᎡ
ᎠᎴ ᏗᏆᎵᎢ,
ᏂᏚᏛ ᏱᏙᏥᏩᏛ.Ꮼ
ᎾᎾᏍᏛᎾ ᏦᏒ.Ꭲ.

HYMN 131. C. M.

Follow your Lord in Baptism.

1 ᎡᏤᎾ ᎢᏥᏍᏚᏅᏨ.Ꭲ
ᎤᏏ ᎢᏥᏰᏓ.Ꭿ,
ᏥᏌ ᎡᏦᎢᏳᏓᏍᎩ
ᎠᎴ ᎡᏥᎰᏳ.Ꭲ.

2 ᎠᏋᏱ ᏗᏓᏂᏏᏗ
ᏦᏓ.Ꮒ ᎠᏥᏅᏁ.Ꭲ,
ᎦᎴᏅ, ᎤᎦᎩᏒᏃ,
ᎠᏥᏄᏬᎳᏁ.Ꭲ.

3 ᏌᎰᏩ ᎤᏬᏥ ᎰᏒ
ᎦᏃᎶᏔᏁᎢ,
ᎤᏁᏤ ᎬᏬᎯᏳᏗ.Ꮝ
ᏴᏫ ᎡᎳᏂᎬ.Ꭲ.

4 ᏥᏌ ᎯᏍᏓᏩᏗᏙᎯ,
ᎤᎶᏒ ᎯᎶᎯ;
ᎢᏳᏃ ᎯᎰᏳᏎᏍᏗ
ᎯᏰᎢᏳᏍᏚ.

5 ᎠᏚᏬᎥᎢ ᎾᏍᏉ Ꮬ
ᏂᎯ ᏣᏫᏬᏫ;
ᏒᏬᎯ ᏗᏃᎶᏁᏚ
ᏥᏌ ᎯᎰᏳᏒ.Ꭲ

6 ᏐᏓᏂ, ᎠᏍᏚᏂ, ᎡᎶ.Ꭿ
ᎦᎾᎵᏂᎬᎬ
ᎦᎾᎴᏅ, ᎾᏍᎩ ᏥᏌ
ᎦᏔᏍᏛᏃᏁᎢ.

7 ᎠᏋᏱ ᎯᏍᏓᏩᏛᏛ,
ᎠᎴ ᏓᎴᏍᏗᏍᎬ.Ꭲ,
ᎤᎩ.Ꭼ ᎡᏦᏈᎴᏔᏅ.Ꭿ,
ᎯᏜᏝ.ᏩᏍᏓ ᏥᏌ.

8 ᏗᎫᎪᏙᏗᏱ ᎢᏚ
ᏙᏓᎶᎴᏔᏂ,
ᎬᏂᏛ ᏓᎶᏍᎦᏔᏂ
ᏥᏌ ᏬᎫᏴᏛ.

HYMN 132. 7, 6

Jesus paid it all.

1 ᎥᏝ ᎪᎱᏍᏗ ᏜᏬᏐ
ᎢᏜᏆᏛᏁᏗ,
ᏥᏌ ᏅᎫᏴᎰᏅ
ᎠᏴ ᎥᎩᎦᎬ.

ᏥᏌ ᎠᎫᏴ,
ᏥᏌ ᏂᎦᏛ
ᎠᏴ ᎥᎩᎦᎬᎢ
ᎠᏆᎫᏴᎡᏗ.

2 ᎦᏄᏩ ᏧᏠᏅᏎ
ᏧᏄᎾᏍᏓᏁᏁᏗ.Ꮄ,
ᏂᎦᏗ ᎤᏍᏆᏙᏁ
ᎢᏯᏬᏁᏗᏜ.

ᏥᏌ ᎠᎫᏴ —

3 ᏥᏌ ᏄᏛᏁᏄᎢ
ᎣᏓᏍᎦᏍᏙᏔᏅ.Ꭳ
ᎬᏗᏍᎩ, ᏥᏛᏁᏜ
ᏩᎯᎯ ᏥᏎᏍᏗ.

ᏥᏌ ᎠᎫᏴ—

4 ᏂᎦᏛ ᏩᏕᎾ
ᏥᏌ ᏓᏓᏍᎬᎢ,
ᎤᏍᎩ ᎯᏬ.ᏞᏍᏗᏙᏛ.Ꭲ
ᎣᏍᏛ ᎣᏧᏪᎦ

ᏥᏌ ᎠᎫᏴ—

HYMN 133. 8,6,6,6.

Come to Jesus just now.

1 Ꭴ.ᏂᏔᏅᎯ ᎤᏪᏥ
ᎯᎠ ᏂᎦᏪᎠ,
“ᎡᏢᎾ ᎯᏍᎦᎾ,
ᎠᏴ ᎾᎬᏍᏕᏄ.”

ᏥᏌ ᎯᎷᏥᏏ ᎾᏍᎩ,
ᎯᎷᏥᏏ ᏥᏌ,
ᎯᎷᏥᏏ ᏥᏌ,
ᎯᎷᏥᏏ ᎾᏍᎩ.

2 ᎾᏍᎩ ᏓᏳᏍᏕᏄᎯᏍᎩ,
ᏓᏳᏍᏕᏄᎯᏍᎩ,
ᎾᏍᎩ ᎠᏎ ᏥᏌ
ᏓᏳᏍᏕᏄᎯᏍᎩ.

ᏥᏌ ᎯᎷᏥᏏ ᎾᏍᎩ

3 ᎯᏲᎢᏳᏍᎦ ᎾᏍᎩ,
ᎯᏲᎢᏳᏍᎦ,
ᎾᏍᎩ ᎠᏎ ᏥᏌ
ᎯᏲᎢᏳᏍᎦ.

ᏥᏌ ᎯᎷᏥᏏ ᎾᏍᎩ—

4 ᏰᎵᏍᎩ ᏄᎵᏂᎬᎦ,
ᏄᎵᏂᎬᎦᏍᎩ,
ᎾᏍᎩ ᏰᎵ ᏥᏌ
ᏄᎵᏂᎬᎦᏍᎩ.

ᏥᏌ ᎯᎷᏥᏏ ᎾᏍᎩ—

5 ᎤᏚᎵᎭ ᏩᏍᏕᏄᏗ.Ꮄ,
ᎾᏍᎩ ᎤᏚᎵᎭ,
ᎾᏍᎩ ᎠᏎ ᏥᏌ
ᎤᏚᎵ.Ꭽ ᏩᏍᏕ.ᏄᏗ.Ꮄ.

ᏥᏌ ᎯᎷᏥᏏ ᎾᏍᎩ —

6 ᎯᏔᏲᏏ, ᎯᏔᏲᏏ,
ᎾᏍᎩ ᎯᏔᏲᏏ,
ᎾᏍᎩ ᎠᏎ ᏥᏌ
ᎯᏔᏲᏏ ᎾᏍᎩ.

ᏥᏌ ᎯᎷᏥᏏ ᎾᏍᎩ—

7 ᏓᏣᏛᎦᏁᎵ ᎾᏉ,
ᏓᏣᏛᎦᏁᎵ,
ᎾᏉ ᎠᏎ ᏥᏌ
ᏓᏣᏛᎦᏁᎵ.

ᏥᏌ ᎯᎷᏥᏏ ᎾᏉ—

8 ᏓᏣᏙᎵᏥᏉ ᎾᏉ,
ᏓᏣᏙᎵᏥᏉ,
ᎾᏉ ᎠᏎ ᏥᏌ
ᏓᏣᏙᎵᏥᏉ.

ᏥᏌ ᎯᎷᏥᏏ ᎾᏉ—

9 ᏓᏣᏅᎦᏘᎯ ᎾᏉ,
ᏓᏣᏅᎦᏘᎯ,
ᎾᏉ ᎠᏎ ᏥᏌ
ᏓᏣᏅᎦᏘᎯ.

ᏥᏌ ᎯᎷᏥᏏ ᎾᏉ—

10 ᏙᏓᏣᏭᏬᎢ ᎾᏉ,
ᏙᏓᏣᏭᏬᎢ,
ᎾᏉ ᎠᏎ ᏥᏌ
ᏙᏓᏣᏭᏬᎢ.

ᏥᏌ ᎯᎷᏥᏏ ᎾᏉ—

11 ᏣᏥᏳᏎᏍᏗᏉ ᎾᏉ:
ᏣᏥᏳᏎᏍᏗᏉ,
ᎾᏉ ᎠᏎ ᏥᏌ
ᏣᏥᏳᏎᏍᏗᏉ.

ᏥᏌ ᎯᎷᏥᏏ ᎾᏉ—

12 ᏝᏍᏗ ᎯᏲᎢᏎᏘᎩ,
ᎯᏲᎢᏎᏘᎩ,
ᎾᏉ ᏝᏍᏗ ᏥᏌ
ᎯᏲᎢᏎᏘᎩ.

ᏥᏌ ᎯᎷᏥᏏ ᎾᏉ—

13 ᎯᏯᎵᏍᎦᏍᏙᏓ ᎾᏉ,
ᎯᏯᎵᏍᎦᏍᏙᏓ,
ᎾᏉ ᎠᏎ ᏥᏌ
ᎯᏯᎵᏍᎦᏍᏙᏓ.

ᏥᏌ ᎯᎷᏥᏏ ᎾᏉ—

14 ᏗᏯᏓᏲᎯᏏ ᎾᏉ,
ᏗᏯᏓᏲᎯᏏ,
ᎾᏉ ᎠᏎ ᏥᏌ
ᏗᏯᏓᏲᎯᏏ.

ᏥᏌ ᎯᎷᏥᏏ ᎾᏉ—

HYMN 134. 13, 12, 6. 8, 8, 8, 5.

Soldiers of the Cross arise.

1 ᎢᏥᏯᏫᏍᎩ ᏓᏓᏥᏳᏍᏛ ᏧᏤᎵ.
ᏗᏣᏧᏏ, ᎠᎵᏍᏕᏙᏗ ᎢᏥᎩ,

ᏧᏰᏚᏬ ᎢᏤᎾ, ᏥᏌ ᏕᎯᏂ,
ᎤᏓᏎᎪᎩᏱ.

ᎦᎸᏉᏗ ᎭᎴᎷᏯ!
ᎦᎸᏉᏗ ᎭᎴᎷᏯ!
ᎦᎸᏉᏗ ᎭᎴᎷᏯ!
ᎠᏴ ᎢᏏᎢ.

2 ᎤᎬᎾᏳᎯ ᎤᏓᏍᏛ ᎢᏳᏛᏓᏍᏓ.
ᏧᏍᏛ ᏫᏃᎮᏛ ᎠᏤᎷᎯᏍᏗᏅ
ᏣᏍᎩᏃ ᏕᏓᏂᎬᎬ ᏗᏳᏟᏴ,
ᏥᏌ ᎢᏥᏁᏤ.Ꮕ.

ᎦᎸᏉᏗ ᎭᎴᎷᏯ—

3 ᏥᏌ ᎡᏥᏂᏴ, ᎪᎯᏳᏗ ᎢᏣᏓ;
ᏧᏍᏛ ᏧᏣᏅᏛ ᎢᏳᏂᎬᏍᏚᏍᏗ.
ᎢᏳᏓᏬᏅ ᏙᎯ ᎦᏬᏳ, ᎾᏞ
ᏓᏞᏩ ᏁᏙᎾ.

ᎦᎸᏉᏗ ᎭᎴᎷᏯ—

4 ᏝᏍᏗ ᎦᏓᏎᎪᎩ ᏤᏓᏒᎩ, ᎠᏒ
ᏅᏓᏅ ᏗᏳᏘᏒᎩ, ᎬᏂ ᏥᏌ
ᏳᏍᏕᏓᏔᏅ ᏃᏩᏱ ᎠᏂᏫᏓ,
ᎬᏂᏳ ᏳᏁᏍ ᏃᏅ.

ᎦᎸᏉᏗ ᎭᎴᎷᏯ—

From the "Golden Shower," by permission of the auth[illegible]
Wm. B. Bradbury.

The Land of Beulah. C. M.

HYMN 132. C. M.

The Land of Beulah.

1 Ꭴ.ᏝᏍᏆ.ᏔᏗ ᎠᎩᎩᏣᏅ.Ꭲ
ᎾᏉ ᏧᏚᏝᎦ,
ᎬᏂᏳ ᎠᎬᏩᏄᎢ
ᎠᏆᏙᎩᏲᏅ.

Ꭷ, ᎢᏥᏓᏪ, ᏗᏍᎩᎯᏕᎾᏍᏓ,
ᎢᏥᏁᎬ ᏍᎩᏄᎦ ᎬᏂᏳ
ᏗᏊᏅᏒ ᏦᏒ.Ꭲ.

2 ᎤᏝᏂᎩᏳ ᎠᏝᏍᏗ
ᎦᏩᏐᎾ ᎾᏉ,
ᎦᏓᏝᏁᎯᏗᏍᎬᎢ
ᎾᏉ ᎠᏓᏛᏂ.Ꮼ.

Ꭷ, ᎢᏥᏓᏪ, ᏗᏍᎩᎯᏕᎾᏍᏓ,—

3 ᎤᎾᏓᏅᏘ ᏗᏁᎯ
ᎡᏍᎦᏂᏣ ᎾᏉ,
ᏦᏓᏂ ᎤᎸᏚᎾᏴ
ᎠᎩᏃᎮᏥᎯ.Ꮼ.

Ꭷ, ᎢᏥᏓᏪ, ᏗᏍᎩᎯᏕᎾᏍᏓ—

4 ᏞᎩᏉ ᏙᏓᏥᏐᏥ;
ᎤᏁᎩᏣ ᏦᏒ
ᏮᏓᏥᏰᏝ; ᎤᏩᏘ
ᏧᏍᏳ ᎠᏆᏓ.ᏅᏃ

Ꭷ, ᎢᏂᏓᏪ, ᏗᏍᎩᎯᏕᎾᏍᏓ—

5 ᎾᏂᏍᎦᏅᎾ ᏗᏁᎦ,
ᎡᏂᏳ ᎦᏛᎩ.Ꭰ
ᏓᎾᏎᎧᏍᎬ.Ꭲ; ᎾᏆᏎ
ᏓᎬᏆᎯᏁᏏ.
    Ꮘ, ᎢᏥᏓᏪ, ᏗᏍᎩᏯᏚᎧᏍᏓ—

6 ᎠᎩᎨᏳᎯ ᎤᎩᎬ
ᎦᏓᏅᎦᎸᏓ,
ᎦᏓᎱᏁᎢᏙᏏᏃ
ᏥᏌ ᎠᎩᏍᏕᎸ.
    Ꮘ, ᎢᏥᏓᏪ, ᏗᏍᎩᏯᏚᎧᏍᏓ—

DOXOLOGIES.

L. M.

ᎤᏁᎳᏅ.Ꭿ ᎢᎩᏙᏓ,
ᎤᏁᎳᏅᎯ ᎤᏪᏥ,
ᎤᏁᎳᏅᎯ ᎠᏓ.ᏅᏙ,
ᎨᏗᎸᏉᏓ ᏏᏆᏎ.

C. M.

ᎤᏁᎳᏅ.Ꭿ ᎢᎩᏙᏓ,
ᎣᏍᏛᏃ ᎤᏪᏥ,
ᎠᏓ.ᏅᏙᏃ ᎦᎸᏉᏗ,
ᎨᏗᎨᏳᏎᏍᏗ.

S. M.

ᏏᏉ ᎢᎩᏙᏓ,
ᎣᏍᏛᏃ ᎤᏪᏥ,
ᎠᏓ.ᏅᏙᏃ ᎦᎸᏉᏗ,
ᎨᏗᎨᏳᏎᏍᏗ.

C. P. M.

ᎢᎩᏙᏓ ᎦᎸᏉᏗ,
ᎤᏪᏥᏃ ᎢᏧᎳᎭ,
ᎠᏓ.ᏅᏙᏃ ᎾᏍᏉ,
ᎠᏂᏦᎢ ᎢᏯᏂᏛ
ᏥᎩ, ᎠᏎᏃ ᏌᏉᏉ,
ᎨᏗᎸᏉᏕᏍᏗ.

8, 7.

ᎢᎩᏙᏓ ᎤᏪᏥᏃ
ᎠᏓ.ᏅᏙᏃ ᎠᏂᏦ
ᏥᎩ, ᎠᏎᏃ ᏌᏉᏉ
ᎨᏗᎸᏉᏗᏍᏎᏍᏗ.

TEMPERANCE SONGS.

ᎠᏓᏴᏍᎦᏍᎩ ᎤᏂᎰᏍᎩ ᏧᏂᏃᎩᏍᏗ

ᏗᎧᏃᎩᏍᏗ I.

1 ᎦᏥᏴᎨᏍᏗ, ᎦᏥᏍᎪᏂᏢᏍᏗ
ᏧᏠᏒ ᎡᎳᏗ ᏧᏂᏣᏨᎯ.
ᎤᏂᏩᎳᏛᎯ ᎤᎾ. ᏝᎸᎳᏛ;
ᎦᏥᏴᎨᏍᏗᎰᎪ, ᎦᏥᏴᎨᏍᏗᎰᎪ,
ᎦᏥᏍᎪᏂᏢᏍᏗ ᏧᏂᎰᎱᏒᎯ.

2 ᎢᏩᎸᏓᏍᏓ ᏧᎾᏓᏂᎲᎸ
ᏧᏃᏲᏩᏨ.ᎯᏃ ᏓᎾᏍᏯᏪ.Ꭲ;
ᎠᏓᏴᏍᎦᏍᎩ ᏚᏄ ᏧᏂᏙᏓ;
ᎦᏥᏴᎨᏍᏗᎰᎪ, ᎦᏥᏴᎨᏍᏗᎰᎪ,
ᎦᏥᏍᎪᏂᏢᏍᏗ ᏧᏂᎰᎱᏒᎯ.

3 ᎠᏥᏄᏯ ᎢᏕᎸ ᏚᏛᎸᏨ;
ᎠᏲᏯᏃ ᏚᏂᎬᏨ ᎢᏕᎸ,
ᎠᎣ ᎢᏕᎸ ᏙᎤᏂᏏᏇᏨ;
ᎦᏥᏴᎨᏍᏗᎰᎪ, ᎦᏥᏴᎨᏍᏗᎰᎪ,
ᎦᏥᏍᎪᏂᏢᏍᏗ ᏧᏂᎰᎱᏒᎯ.

4 ᎢᏕᎸ ᎥᏳᎩ ᏚᏂᎰᎱᏒ,
ᎢᏕᎸᏃ ᏧᎾᏝᎢ ᏚᏂᏄ;
ᎠᏓᏴᏍᎦᏍᎩᏉ ᏄᏩᏂᏌᏛ;
ᎦᏥᏴᎨᏍᏗᎰᎪ, ᎦᏥᏴᎨᏍᏗᎰᎪ,
ᎦᏥᏍᎪᏂᏢᏍᏗ ᏧᏂᎰᎱᏒᎯ.

ᏗᎧᏃᎩᏍᏗ II.

1 ᎤᏁᎳᎩ ᎾᏍᎩ ᎤᎵᏍᏖᏗ
ᎤᏁᎳᎩ. ᎤᏁᎳᎩ.
ᎤᏂᏣᎳᏅᎯᏰᏃ ᎦᏚ;
ᏞᏍᏗ ᏣᎡᏂᏚᎩ.
ᏚᎾᏰᎯᏍᏛᎾ ᎠᏁᎵᏍᎬ. Ꭹ
ᎬᏂ ᎾᏏ ᎤᎾᎦᏓᏚᏅ;
ᏞᏍᏗ, ᎯᏫᏅ, ᏣᎦᎩᎡᎩ;
ᏞᏍᏗ ᏣᎡᏂᏚᎩ.

2 ᎤᏁᎳᎩ ᎾᏍᎩ ᎤᎵᏍᏖᏗ.
ᎤᏁᎳᎩ. ᎤᏁᎳᎩ.
ᎤᏯᎦᎯᏳ ᎾᏍᏉ ᎹᎾᎩ,
ᏞᏍᏗ ᏣᎡᏂᏚᎩ.
ᎢᎾᏛ ᎢᎬᏩᎾᏰᎯᏍᏗ;
ᎤᏍᏕᏎᏗᏳ ᏳᏓᏍᏕᏩᏨ;
ᎤᏩᏘ ᎾᏍᎩ ᏢᏪᏔᏢᏍᏗ;
ᏞᏍᏗ ᏣᎡᏂᏚᎩ.

3 ᎤᏁᎳᎩ ᎾᏍᎩ ᎤᎵᏍᏖᏗ.
ᎤᏁᎳᎩ. ᎤᏁᎳᎩ.
ᏔᏓᏅᏛᎵ ᏧᏚᎯ ᏥᎩ;
ᏞᏍᏗ ᏣᎡᏂᏚᎩ.
ᏔᏓ.ᏅᏛᎵ ᏧᏂᏚᏃᏔᏅ.Ꭿ;
ᏔᏓ.ᏅᏛᎵ ᏧᏂᏚᏯᎠᎡ.Ꭿ;
ᏔᏓ.ᏅᏛᎵ ᏗᏥᏕᏛᏅ.Ꭿ;
ᏞᏍᏗ ᏣᎡᏂᏚᎩ.

ᏗᎧᏃᎩᏍᏗ III.

ᏗᏂᏲᏟ ᎠᏯ ᏧᏂᏃᎩᏍᏙᏗ.

1 Ꭷ, ᎡᏍᎩᎭᏟᎪᏭᏏ,
ᎠᏯ ᎦᏗᏃᎩᏍᎨᏍᏗ;
ᏌᏉᏃ ᏴᎬᏓᏛᏌ
ᎠᎩ.ᏩᏥᏍᏌᎾᏍᏛ!
ᎦᎤᎨᏓᏟᎭᏅᎢ
ᎠᏯ ᏉᏗᏌᏳᏧᏌ,
ᏥᏌᏗ.ᏃᎢᏓᏗᏔᏍᎪ.Ꭲ.
ᎠᏯ! ᎠᏯ! ᎠᎩᏴᎯ!
Ꭷ, ᎡᏍᎩᎭᏟᎪᏭᏏ
ᎠᏯ ᏗᏗᏃᎩ.

2 ᏗᏥᏲᏟ ᏗᏤᎨᏍᏗ,
ᎠᏯ ᎦᏗᏃᎩᏍᎨᏍᏗ;
ᏌᏉᏃ ᏴᎬᏓᏛᏌ
ᎠᎩ.ᏩᏥᏍᏌᎾᏍᏛ!
ᎤᏁᎫᏨ ᎠᎾᏄᏳ
ᎾᏍᎩ ᎤᎦᎩᏛ ᏱᎩ;
ᎤᏌ.ᏟᏍᏗᏃ ᎦᏗᏃᎩ,
ᎠᏯ! ᎠᏯ! ᎠᎩᏴᎯ!
ᏗᏥᏲᏟ ᏗᏤᎨᏍᏗ,
ᎠᏯ ᏗᏗᏃᎩ.

3 ᎢᏥᎾᏅ ᏗᏤᎨᏍᏗ,
ᎠᏯ ᎦᏗᏃᎩᏍᎨᏍᏗ;
ᏌᏉᏃ ᏴᎬᏓᏛᏌ
ᎠᎩ.ᏩᏥᏍᏌᎾᏍᏛ!
Ꮎ ᏄᏲᎵ ᏄᎾᏛᏅ
ᎾᏍᎩ ᎤᏂᏌᎾᏟᏍᎩ;
ᏬᏳᏟᏞᏟᎪᎢᏃ
ᎠᏯ ᏙᏳᏗᏔᏍᎬᎢ.
ᎢᏥᎾᏅ ᏗᏤᎨᏍᏗ,
ᎠᏯ ᏗᏗᏃᎩ.

4 ᎢᏳᏛᏃ ᏗᏤᎨᏍᏗ,
ᎠᏯ ᎦᏗᏃᎩᏍᎨᏍᏗ;
ᏌᏉᏃ ᏴᎬᏓᏛᏌ
ᎠᎩ.ᏩᏥᏍᏌᎾᏍᏛ!
ᎤᏬᎦ.ᎯᏆᏧ ᏱᏍᎾᎩ
ᎠᏓᏴᏍᎦᏍᎩ ᎤᏲᎢ,
ᎠᎩᏟ.ᎭᏨ ᏌᏨᏏᏍᎩ;
ᎠᏯᏍᎩ.Ꮒ ᎢᏥᏄᏨᏓ
ᎢᏳᏛᏲ ᏗᏤᎨᏍᏗ,
ᎠᏯ ᏗᏗᏃᎩ.

5 Ꭷ, ᎡᏍᎩᎭᏟᎪᏭᏏ,
ᎠᏯ ᎦᏗᏃᎩᏍᎨᏍᏗ;
ᏌᏉᏃ ᏴᎬᏓᏛᏌ
ᎠᎩ.ᏩᏥᏍᏌᎾᏍᏛ!
ᏗᏗᏌᏘᎷᏌᏲᎪ
ᏳᎳᎩ ᎢᏌᏈᏗᏍᎩ;
ᏥᏌᏗᏃ ᏗᏗᏃᎩ;
ᎠᏯ! ᎠᏯ! ᎠᎩᏴᎯ!
Ꭷ, ᎡᏍᎩᎭᏟᎪᏭᏏ
ᎠᏯ ᏗᏗᏃᎩ.

CHEROKEE ALPHABET.

CHARACTERS SYSTEMATICALLY ARRANGED WITH THE SOUNDS.

Ꭰ a	Ꭱ e	Ꭲ i	Ꭳ o	Ꭴ u	Ꭵ v
Ꭶ ga Ꭷ ka	Ꭸ ge	Ꭹ gi	Ꭺ go	Ꭻ gu	Ꭼ gv
Ꭽ ha	Ꭾ he	Ꭿ hi	Ꮀ ho	Ꮁ hu	Ꮂ hv
Ꮃ la	Ꮄ le	Ꮅ li	Ꮆ lo	Ꮇ lu	Ꮈ lv
Ꮉ ma	Ꮊ me	Ꮋ mi	Ꮌ mo	Ꮍ mu	
Ꮎ na Ꮏ hna Ꮐ nah	Ꮑ ne	Ꮒ ni	Ꮓ no	Ꮔ nu	Ꮕ nv
Ꮖ qua	Ꮗ que	Ꮘ qui	Ꮙ quo	Ꮚ quu	Ꮛ quv
Ꮝ s Ꮜ sa	Ꮞ se	Ꮟ si	Ꮠ so	Ꮡ su	Ꮢ sv
Ꮣ da Ꮤ ta	Ꮥ de Ꮦ te	Ꮧ di Ꮨ ti	Ꮩ to	Ꮪ du	Ꮫ dv
Ꮬ dla Ꮭ tla	Ꮮ tle	Ꮯ tli	Ꮰ tlo	Ꮱ tlu	Ꮲ tlv
Ꮳ tsa	Ꮴ tse	Ꮵ tsi	Ꮶ tso	Ꮷ tsu	Ꮸ tsv
Ꮹ wa	Ꮺ we	Ꮻ wi	Ꮼ wo	Ꮽ wu	Ꮾ wv
Ꮿ ya	Ᏸ ye	Ᏹ yi	Ᏺ yo	Ᏻ yu	Ᏼ yv

SOUNDS REPRESENTED BY VOWELS.

A as *a* in *fāther*, or short as *a* in *rival*.
E as *a* in *hate*, or short as *e* in *met*.
I as *i* in *pique*, or short as *i* in *pin*.
O as *o* in *note*, but as approaching to *aw* in *law*.
Ŭ as *oo* in *moon*, or short as *u* in *pull*.
V as *u* in *but*, nasalized.

CONSONANT SOUNDS.

G is sounded hard, approaching to k; sometimes before e, i, o, u and v, its sound is k. D has a sound between the English d and t; sometimes, before o, u and v, its sound is t; when written before l and s the same analogy prevails.

All other letters as in English.

Syllables beginning with g, except ga, have sometimes the power of **k**; syllables written with tl. except tla, sometimes vary to dl.

INDEX.

ᎤᏬᎰᎢ ᏬᏃᏪᏍᎩ

ᏓᏂᎴᏴᏗᏍᎬ ᎯᎠ (:) ᎢᏧᏍᏗ ᏗᏚᎴᏴᏙᏗ ᏗᏚᎪᏗ ᏓᏗᏒᏪᏍᎬᎩ, ᎾᏍᎩᏃ ᏂᏚᏜᏍᏙᏗ ᎯᏍᏈ (.) ᎢᏳᏍᏗ ᏚᏁᏟᏴᏍᏓᏅᎯ ᎢᎩ ᎯᏋᎯᎵᎢ.

CHEROKEE ALPHABET.

CHARACTERS SYSTEMATICALLY ARRANGED WITH THE SOUNDS.

Ꭰ a	Ꭱ e	Ꭲ i	Ꭳ o	Ꭴ u	Ꭵ v
Ꭶ ga Ꭷ ka	Ꭸ ge	Ꭹ gi	Ꭺ go	Ꭻ gu	Ꭼ gv
Ꭽ ha	Ꭾ he	Ꭿ hi	Ꮀ ho	Ꮁ hu	Ꮂ hv
Ꮃ la	Ꮄ le	Ꮅ li	Ꮆ lo	Ꮇ lu	Ꮈ lv
Ꮉ ma	Ꮊ me	Ꮋ mi	Ꮌ mo	Ꮍ mu	
Ꮎ na Ꮏ hna Ꮐ nah	Ꮑ ne	Ꮒ ni	Ꮓ ṇo	Ꮔ nu	Ꮕ nv
Ꮖ qua	Ꮗ que	Ꮘ qui	Ꮙ quo	Ꮚ quu	Ꮛ quv
Ꮜ s Ꮝ sa	Ꮞ se	Ꮟ si	Ꮠ so	Ꮡ su	Ꮢ sv
Ꮣ da Ꮤ ta	Ꮥ de Ꮦ te	Ꮧ di Ꮨ ti	Ꮩ to	Ꮪ du	Ꮫ dv
Ꮬ dla Ꮭ tla	Ꮮ tle	Ꮯ tli	Ꮰ tlo	Ꮱ tlu	Ꮲ tly
Ꮳ tsa	Ꮴ tse	Ꮵ tsi	Ꮶ tso	Ꮷ tsu	Ꮸ tsv
Ꮹ wa	Ꮺ we	Ꮻ wi	Ꮼ wo	Ꮽ wu	Ꮾ wv
Ꮿ ya	Ᏸ ye	Ᏹ yi	Ᏺ yo	Ᏻ yu	Ᏼ yv

www.ingramcontent.com/pod-product-compliance
Lightning Source LLC
Chambersburg PA
CBHW061052090426
42740CB00003B/120
* 9 7 8 0 6 9 2 4 7 3 6 7 2 *